Marguerite Depradel

Premier(s) amour(s)

Le guide des adolescent(e)s pour des relations saines et épanouies

Premier(s) amour(s)

Le guide des adolescent(e)s pour des relations saines et épanouies

www.toienmieux.com

© Marguerite Depradel

Tous droits de reproduction, d'adaptation et de traduction, intégrale ou partielle réservés pour tous pays.
L'auteur est seul propriétaire des droits et responsable du contenu de ce livre.

L'adolescence est une période de découvertes, de défis et de croissance personnelle. Mais parmi toutes les expériences qui façonnent cette période de la vie, il en est une qui brille d'un éclat particulier : le premier amour.

Que tu sois déjà tombé(e) amoureux(se), que tu te demandes ce que cela signifie, ou que tu attendes ce moment avec impatience, ce livre est là pour te guider dans cette aventure inoubliable et excitante.

Le premier amour permet de découvrir la beauté des relations intimes, d'apprendre à faire confiance, à être vulnérable, et de grandir en tant qu'individu.

Au fil des pages de ce livre, nous explorerons ensemble comment naviguer avec confiance dans les eaux parfois tumultueuses du premier amour.

Rappelle-toi, tu n'es pas seul(e) dans cette aventure. Des millions d'adolescent(e)s traversent ces mêmes moments, se posent les mêmes questions, et vivent les mêmes émotions.

Ce livre est là pour te rappeler que tu es capable de surmonter les obstacles, de saisir les opportunités et de grandir en tant qu'individu.

Chapitre 1 : Se comprendre soi-même

Dans ce chapitre, nous partons à la découverte de nous-mêmes. Tu apprendras à identifier tes valeurs, tes priorités et ce qui te rend unique. Nous nous pencherons sur le développement de l'estime de soi et de la confiance en soi, fondements essentiels de toute relation saine.

Pourquoi la découverte de soi est-elle importante ?

Tu te demandes peut-être : "Pourquoi ai-je besoin de mieux me connaître ?" Eh bien, se comprendre, c'est comme avoir un super pouvoir. Cela t'aide à faire des choix qui te conviennent, à établir des relations plus solides et à vivre une vie plus heureuse et plus authentique.

La découverte de soi par l'introspection

Imagine que tu as un coffre au trésor à l'intérieur de toi et qu'il est rempli de choses étonnantes et uniques qui font de toi ce que tu es. Ce chapitre est consacré à l'ouverture de ce coffre, à l'exploration de tes pensées, de tes sentiments et de tes rêves. C'est comme une aventure passionnante, mais le trésor que tu cherches, c'est toi.

Les questions à te poser

Quelles sont tes activités favorites ?

Pense aux activités, aux passe-temps ou aux lieux qui te font le plus vibrer. Il peut s'agir de peindre, de faire du sport, de faire de la randonnée ou simplement de passer du temps avec des amis :

____

____

____

____

____

____

____

____

Qu'est-ce qui t'importe le plus dans la vie ?

Les valeurs sont comme des étoiles qui te guident. Elles t'aident à prendre des décisions. Est-ce l'honnêteté, la gentillesse, la famille ou autre chose ?

____

____

____

____

____

____

____

____

Quels sont tes points forts ?

Quels sont tes talents ? Tu sais peut-être très bien écouter, résoudre des problèmes ou faire preuve de créativité :

____

____

____

____

____

____

____

____

Quels sont tes défis ?

Nous avons tous des domaines dans lesquels nous pouvons nous améliorer. Les identifier est la première étape du développement personnel :

____

____

____

____

____

____

____

____

Quels sont tes rêves et tes objectifs ?

Quels sont tes objectifs pour l'année à venir ? Dans cinq ans ? Dix ans ? Il peut s'agir de l'école, de ta future carrière, des relations ou de l'épanouissement personnel :

Comment te sens-tu dans différentes situations ?

Te sens-tu heureux(se), anxieux(se), excité(e) ou calme dans différentes situations ? Qu'est-ce qui te fait ressentir ces émotions ?

Qui sont tes modèles ?

Pense aux personnes que tu admires. Quelles sont les qualités ou les valeurs qu'elles possèdent qui t'inspirent ?

Qu'est-ce qui te rend unique ?

Qu'est-ce qui te différencie des autres ? Il peut s'agir de ton sens de l'humour, de ta créativité ou de ta nature bienveillante.

Qu'est ce que tu attends chez ton ou ta partenaire ?

Que tu sois déjà en couple ou non, il est important de savoir ce que tu attends et ce dont tu as besoin de la part d'un(e) partenaire :

____

____

____

____

____

____

____

____

____

____

____

____

____

____

Rappelle-toi qu'il n'y a pas de bonnes ou de mauvaises réponses à ces questions. Elles sont comme les pièces d'un puzzle et, à mesure que tu y répondras, tu commenceras à voir le tableau d'ensemble de qui tu es. Alors, note tes pensées et que l'aventure de la découverte de soi commence !

Renforcer l'estime de soi et la confiance en soi

L'estime de soi et la confiance en soi sont comme les costumes de super-héros que tu portes tous les jours. Elles t'aident à te sentir bien dans ta peau et à relever les défis avec une attitude positive. L'estime de soi est la mesure dans laquelle tu t'aimes et la confiance en soi la mesure dans laquelle tu crois en toi.

Imagine que tu disposes d'un miroir magique. Lorsque tu te regardes dans ce miroir, il te renvoie l'image que tu as de toi-même. Si tu vois une personne formidable et compétente, c'est une bonne estime de soi et une grande confiance en soi qui s'expriment. Mais si tu vois des doutes, de la négativité ou de l'autocritique, il est temps d'augmenter ta confiance en toi.

Affirmations dans le miroir

Place-toi devant un miroir tous les matins. Regarde-toi dans les yeux et dis trois choses que tu aimes à propos de toi. Il peut s'agir de ton apparence, de tes talents ou de ta personnalité.

Par exemple :

- "J'ai le sens de l'humour".
- "Je suis un bon ami."
- "J'ai un beau sourire".

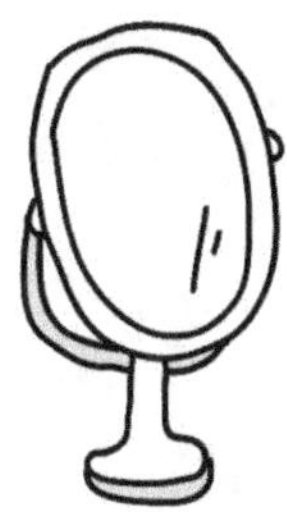

Le bocal "Je peux le faire"

Prends un bocal et quelques petits bouts de papier. Écris les choses que tu veux réaliser, qu'elles soient grandes ou petites. Il peut s'agir d'objectifs scolaires, de loisirs ou d'objectifs personnels. Plie les feuilles et mets-les dans le bocal. Chaque fois que tu as besoin d'un regain de confiance, choisis-en un et dis : "Je peux le faire !". Puis agis pour que cela se produise.

Combats les pensées négatives

Les pensées négatives peuvent se faufiler dans ton esprit comme de véritables petits monstres. Mais voici un secret : tu peux les vaincre ! Lorsque tu te surprends à penser quelque chose de négatif à ton sujet, comme "Je ne suis pas assez bon", conteste cette pensée en apportant la preuve du contraire.

Par exemple :

- Pensée négative : "Je ne suis pas bon en sport".
- Confrontation : "Je ne suis peut-être pas le meilleur, mais j'aime jouer au foot avec mes amis, et je m'améliore".

Apprends de tes erreurs

Les erreurs sont comme des tremplins vers le succès. Au lieu de t'en vouloir, vois-les comme des occasions d'apprendre et de grandir. Par exemple, si tu fais une erreur dans un projet scolaire, réfléchis à ce que tu pourrais faire différemment la prochaine fois.

Entoure-toi de positivité

Fréquente des personnes qui t'élèvent, et non qui te rabaissent. Les ami(e)s qui te soutiennent et t'encouragent peuvent renforcer ton estime de soi et ta confiance en toi.

Sois fier(e) de tes accomplissements

L'estime de soi et la confiance en soi ne se limitent pas à l'image que l'on a de soi ; il s'agit aussi de reconnaître et de célébrer ses réalisations.

Lorsque tu accomplis quelque chose, que ce soit grand ou petit, c'est comme si tu gagnais un badge d'honneur. C'est la preuve que tu es capable et que tu peux relever des défis. Le fait d'être fier de ses réalisations renforce l'estime de soi et la confiance en soi pour les projets futurs.

Étapes à suivre pour être fier(e) de ses réalisations

- **Salue tes accomplissements** : Prends un moment pour penser aux choses que tu as accomplies dans ta vie, aussi petites qu'elles puissent paraître. Il peut s'agir d'un examen réussi, d'un casse-tête difficile à résoudre ou d'un nouvel ami.

- **Célèbre tes réussites** : Lorsque tu réussis quelque chose, célèbre-le ! Il peut s'agir simplement de t'offrir ta glace préférée ou de partager ton succès avec un ami ou un membre de ta famille. Célébrer renforce l'idée que tu as fait quelque chose d'extraordinaire.

- **Tiens un journal de tes réussites** : Tiens un journal dans lequel tu inscris tes réussites, petites et grandes. Lorsque tu te sens mal ou que tu doutes de toi, lis ta liste. C'est un puissant rappel de tes capacités. Tu peux aussi notez certaines de tes réussites sur la page suivante !

- **Tire les leçons des défis auxquels tu es confronté(e)** : Parfois, les réussites naissent des défis ou des échecs que l'on a surmontés. Lorsque tu es confronté(e) à des difficultés et que tu réussis malgré tout, tu as encore plus de raisons d'être fier(e). Rappelle-toi que tu es résilient(e) et que tu peux surmonter les obstacles.

Souviens-toi qu'il faut du temps et de la pratique pour développer l'estime de soi et la confiance en soi. Sois patient(e) avec toi-même, et bientôt tu t'élèveras dans ton costume de super-héros de la confiance en soi !

Chapitre 2 : Les rendez-vous amoureux

Les rencontres peuvent être à la fois excitantes et difficiles. Nous naviguerons ensemble dans ce monde, en discutant des signaux d'alarme, des pratiques sécuritaires en matière de rencontres et de la façon de faire des choix judicieux dans ta vie amoureuse.

Naviguer dans le monde des rencontres

Imagine les rencontres comme une carte avec des territoires inexplorés. C'est un chemin que tu n'as jamais emprunté auparavant, rempli de nouvelles expériences et de découvertes.

- **Sois toi-même** : L'authenticité est ta boussole. Reste fidèle à qui tu es, à tes centres d'intérêt et à tes valeurs. Cette attitude te permettra d'attirer des personnes qui t'apprécient à ta juste valeur.

- **Précise tes attentes** : Les rencontres peuvent avoir des significations différentes selon les personnes. Il est essentiel de clarifier ce que les rencontres signifient pour toi et de communiquer clairement tes attentes.

- **Sois patient(e)** : Tu as envie de plaire et c'est normal mais rien ne sert de te presser. Mieux vaut faire preuve de patience et attendre LA personne qui te convient.

Exercice : Précise tes attentes en matière de relations amoureuses.

- Prends un moment pour noter ce que tu attends d'une relation amoureuse. S'agit-il d'un simple divertissement, d'une occasion de rencontrer de nouvelles personnes ou d'un engagement plus sérieux dans le temps ?
- Comment t'attends-tu ou espères-tu que la personne en question te montrera son amour ?
- Partage tes attentes avec un(e) ami(e) ou tiens un journal à ce sujet. Cela t'aidera à clarifier ce que tu attends d'une relation amoureuse.

Tu peux noter tes attentes ci-dessous :

____

____

____

____

____

____

____

____

____

____

____

____

____

Attirer les filles

- **Détends-toi et souris**. Ne crains pas d'être ridicule et de rire.

- Ton physique peut attirer son attention, mais c'est ta personnalité et ton sens de l'humour qui retiendront l'attention d'une fille.

- Ce que la plupart des filles souhaitent, c'est un bon garçon qui les traitera bien. Sois ce bon garçon.

- Rien ne rebute plus une fille qu'un garçon qui se comporte en dragueur ou se montre sexiste.

- **Les bonnes manières comptent**. Que tu sois son ami ou son petit ami, tiens-lui la porte, tiens-toi correctement à table, range ton téléphone pour lui accorder toute ton attention et établis le contact visuel.

- **Soigne ton hygiène personnel** : douche-toi et mets du déodorant tous les jours, brosse-toi les dents au moins deux fois par jour, lave tes cheveux au minimum deux fois par semaine. Garde tes ongles courts et propres et nettoie fréquemment tes oreilles. Pense aussi à changer tes chaussettes et sous-vêtements tous les jours.

- Investis dans une eau de Cologne ou un parfum de qualité et parfume-toi légèrement.

- Une bonne coupe de cheveux est importante.

- Soigne ta peau, en particulier celle de ton visage. Consulte un dermatologue si tu as de l'acné et fais attention quand tu te rases : de haut en bas sur les joues et de bas en haut sur le cou.

- Ne dis pas (trop) de gros mots lorsque tu es en compagnie de filles. Elles peuvent trouver cela drôle à l'occasion, mais si tu le fais trop souvent, tu les rebuteras.

- Ce n'est pas parce qu'une fille ne semble pas intéressée par toi qu'elle ne l'est pas. Elle est peut-être un peu timide et a besoin d'un peu d'entraînement avec les garçons. Donne-lui le temps de se sentir à l'aise avec toi de manière amusante et décontractée.

- Certaines filles mènent de meilleures enquêtes que les services secrets. Si tu triches, mens ou fais des avances à une autre fille, elle le découvrira.

- Ne cherche pas à la rendre jalouse pour attirer son attention.

- **Apprends à parler aux filles**. Engage d'abord la conversation sur des sujets anodins comme ce prof qui donne des devoirs compliqués ou le dernier film que tout le monde veut voir. Dans un second temps, parle davantage de toi sans te vanter mais sans te dévaloriser non plus.

- **Pose-lui des questions** sur l'école, ses cours, ses loisirs ou les choses qu'elle aime faire (pas de questions trop personnelles avant de la connaître davantage) et entraîne-toi à vraiment écouter la réponse.

- Complimente-la sur sa nouvelle coupe de cheveux, sur sa gentillesse ou son humour, ou sur le fait qu'elle ait réussi à un examen difficile.

- Si une fille te trouve "mignon", "gentil" ou "adorable" en public, elle n'essaie pas de te mettre mal à l'aise. Prends-le comme un compliment.

- Au lieu de considérer les filles comme des petites amies potentielles, essaie d'abord d'être ami avec elles.

- Si une fille est un peu maladroite, ne la juge pas trop vite. Il est probable qu'elle a simplement besoin d'un peu de pratique avec les garçons.

- Lorsqu'une fille t'apprécie, elle te donnera de petits indices comme des contacts visuels fréquents, des sourires, des rires ou des gestes de flirt. Elle recherchera sans doute to attention et l'occasion de te parler. Sois attentif.

- Si une fille t'envoie un texto, essaie de lui répondre tout de suite.

- Si une fille que tu apprécies rencontre des difficultés dans une matière où tu excelles, propose-lui d'étudier avec elle afin de l'aider.

- Même si tu dois prendre ton courage à deux mains, va vers cette fille que tu apprécies et qui te regarde. Il y a de fortes chances qu'elle soit timide et qu'elle attende que tu brises la glace.

- Si tu invites une fille à sortir et qu'elle te dit "non", ce n'est pas une invitation à continuer d'essayer. Si elle décide que tu l'intéresses, elle fera le prochain pas.

Attirer les garçons

Lorsque tu as un coup de foudre pour un garçon, tu te demandes sans doute comment faire pour qu'il te remarque. Bien que tu ne puisses pas vraiment faire en sorte que quelqu'un t'aime, il y a des choses que tu peux faire pour augmenter tes chances, comme passer du temps avec lui, avoir l'air plus sûre de toi et lui envoyer des signaux de séduction.

- **Dis-lui bonjour quand tu le vois**. Parfois, il faut donner un peu d'attention à quelqu'un pour qu'il te remarque. Cela peut être difficile, mais lorsque tu vois ton coup de coeur, respire profondément pour te calmer, puis établis un contact visuel, souris et dis bonjour. Tu peux même faire un petit signe de la main si tu le souhaites. Si tu vois le garçon qui te plaît plusieurs fois par jour, dis-lui simplement bonjour la première fois que tu le vois. Tu peux quand même établir un contact visuel et sourire lorsque tu le croises plus tard dans la journée !

- **Engage la conversation lorsque tu es proche de lui**. Si tu le croises dans le couloir, un simple "Bonjour" peut suffire. En revanche, si vous êtes assis l'un à côté de l'autre en classe ou si vous êtes l'un derrière l'autre dans la file d'attente à la cantine, tu risques de te sentir mal à l'aise si tu ne dis rien d'autre après cela. Essaye de parler de ce qui se passe autour de vous pour faire facilement la conversation.

Si vous êtes assis l'un à côté de l'autre en classe, vous pouvez discuter avant le cours. Par exemple, tu pourrais dire : "Hé, tu as révisé pour l'interrogation d'aujourd'hui ?" ou lui demander : "Tu as terminé l'exercice qu'on devait faire hier ?".

- **Pose-lui des questions ouvertes sur ses centres d'intérêt**. Si tu poses une question à laquelle on peut répondre par " oui " ou " non ", il y a de fortes chances que ce soit la seule réponse que tu obtiennes. Essaye d'être créative en lui posant des questions qui l'obligeront à développer un peu sa réponse.
- Par exemple, si vous parlez de l'école, au lieu de dire "Aimes-tu le cours d'anglais ?", tu pourrais demander "Quel est ton cours ou ton professeur préféré ?", "Quels sports pratiques-tu ?" ou encore "Quelles activités as-tu après les cours ?"
- S'il ou elle parle de regarder la télévision, au lieu de dire "Est-ce que tu regardes The Voice ?", tu pourrais dire "Quel genre d'émissions ou de séries aimes-tu regarder ?" ou "Quelle est ton programme ou ta série favori(e) ?".
- S'il ou elle te donne quand même une réponse courte, tente de dire quelque chose comme : "Ah oui ? Pourquoi ?"

- Mentionne un film ou une exposition que tu as envie de voir ou un café que tu veux essayer. Il se peut que le garçon saisisse l'allusion et t'invite à sortir avec lui. Si ce n'est pas le cas, essaie d'être plus directe et propose-lui toi-même un rendez-vous. Il n'y a aucune raison pour qu'une fille ne puisse pas inviter quelqu'un à sortir.

Ça y est, vous avez rendez-vous quelque part?

- **Ne sois pas en retard**. Tu veux être calme et commencer un rendez-vous sur de bonnes bases. Il est beaucoup plus difficile de garder son sang-froid lorsque l'on se précipite. C'est particulièrement important lors d'un premier rendez-vous si tu ne connais pas très bien l'autre personne. Tu veux faire bonne impression.

- **Sois toi-même**. Être soi-même fait partie de l'aspect le plus important d'un rendez-vous : apprendre à se connaître. Tu veux t'assurer que vous êtes vraiment compatibles, ce qui n'est pas possible si tu fais semblant d'aimer tout ce qui plaît à ton partenaire ou si tu es d'accord avec ses opinions politiques alors que ce n'est pas le cas en réalité. Il est tout à fait normal de vouloir impressionner ton rendez-vous en faisant semblant d'être quelqu'un que tu n'es pas. Cela ne fait pas de toi quelqu'un de bizarre ou de faux. Rappelle-toi simplement qu'il est préférable pour vous deux d'être honnêtes à long terme.

- Tu veux que quelqu'un t'aime tel(le) que tu es. Ne t'habille pas ou n'agis pas de la façon dont tu penses que ton rendez-vous aimerait que tu le fasses.

- **Évite les sujets délicats**. Bien que tu doives rester toi-même, pour éviter les drames, tu devrais probablement éviter d'aborder ou de discuter de certains sujets délicats lors du premier rendez-vous. Bien qu'il soit parfois utile de traiter de ces sujets pour écarter les personnes incompatibles, de nombreuses personnes considèrent que c'est impoli, en particulier lors d'un premier rendez-vous. De plus, tu ne connais pas suffisamment la personne pour savoir si la discussion risque de s'envenimer, voire de devenir dangereuse. Les principaux sujets à éviter sont les suivants :
  - la politique
  - la religion
  - les relations antérieures
  - les questions financières (personnelles et familiales)

- **Qui paye ?** Il est poli que la personne qui a invité l'autre à sortir ou qui a choisi le restaurant paie. Si vous allez au restaurant, il est de coutume que ce soit le garçon qui paie. Cependant, rien n'empêche la fille de payer la moitié ou la totalité de l'addition. Si l'un de vous paie la totalité de l'addition, il est normal que l'autre règle à la prochaine sortie.

- **Évoque le prochain rendez-vous si tu le souhaites**. À la fin du rendez-vous, si celui-ci s'est particulièrement bien déroulé, envisage de parler à l'autre personne de la prochaine fois où elle souhaiterait te rencontrer.

Ne le fais que si l'autre personne semble intéressée. Si ton rendez-vous n'a pas l'air particulièrement enthousiaste, le fait de lui poser la question pendant cette rencontre risque d'être gênant.

Il est plus courant de planifier le prochain rendez-vous un peu plus tard.

Si tu as passé un bon moment, n'attends pas que l'autre personne fasse le prochain pas. Assure-toi de faire savoir à ton rendez-vous que tu t'es bien amusé(e) et mentionne que tu as envie de recommencer bientôt.

Rencontre en ligne et sécurité

Les rencontres en ligne peuvent être excitantes et amusantes, mais la sécurité doit toujours primer. Pour les adolescent(e)s, il est particulièrement important de faire attention à ce que tu partages en ligne afin de protéger ta vie privée, ta sécurité et ta réputation.

La première chose à savoir est qu'il **faut avoir 18 ans** pour s'inscrire sur la plupart des sites de rencontres. Certains sites sont ouverts aux adolescent(e)s mais les contrôles en place ne permettent pas toujours d'empêcher des personnes nettement plus âgées de se connecter. Tu peux avoir l'impression de discuter avec une personne de ton âge alors que c'est un adulte qui se dissimule derrière un faux profil.

Si tu as 18 ans ou plus ou si tu te connectes sous la supervision d'un adulte bienveillant, voici comment rester en sécurité :

Exercice : Créer un profil en ligne sûr avec un(e) ami(e)

Si tu souhaites utiliser des applications de rencontres en ligne, demande à un(e) ami(e) de confiance de t'aider à créer un profil sûr et respectueux. Relisez ensemble ton profil et garde en tête de ne jamais communiquer les points suivants :

- **Adresse du domicile** : Ne communique jamais l'adresse de ton domicile, de ton école ou des clubs que tu fréquentes, y compris le nom de la rue ou le quartier.

- **Localisation**: Prends garde à ne pas communiquer ta position en temps réel en utilisant les fonctions de partage de localisation des applications ou des plateformes de réseaux sociaux. Reste toujours vague quant aux informations permettant de te localiser.
- **Date de naissance** : Ne divulgue pas ta date de naissance complète, car elle peut être utilisée à des fins d'usurpation d'identité ou d'escroquerie.
- **Numéro de téléphone** : Garde ton numéro confidentiel, car il peut être utilisé pour des appels ou des messages non sollicités.
- **Numéro de sécurité sociale** : Ne communique jamais ton numéro de sécurité sociale complet ou celui de tes parents, car il s'agit d'une information sensible qui peut être utilisée à des fins d'usurpation d'identité.
- **Informations financières** : Ne partage pas la situation financière de tes parents, de numéros de compte bancaire, les détails de ta carte de crédit ou de celles de tes parents ainsi que tous mots de passe liés à des sites financiers.
- **Mots de passe** : Ne partage jamais tes identifiants ou mots de passe, que ce soit pour les réseaux sociaux, le courrier électronique ou d'autres comptes.
- **Documents d'identité** : Évite de partager des photos ou des scans de tout document d'identité.
- **Contenu explicite** : Sois très prudent(e) lorsque tu partages des photos ou du contenu explicites ou compromettants. Ceux-ci peuvent être utilisés à mauvais escient ou partagés sans ton consentement.

Exemple : Fixer des limites dans les rencontres

Emma est très enthousiaste à l'idée de sortir avec Alex pour la première fois. Avant le rendez-vous, ils discutent de leurs limites :

Emma : "J'aime aller doucement dans les relations. Pouvons-nous nous mettre d'accord pour commencer par des rendez-vous décontractés et apprendre à mieux nous connaître ?"
Alex : "Bien sûr, Emma. J'apprécie que tu me fasses part de tes limites, et je suis sur la même longueur d'onde."

Dans cet exemple, Emma et Alex discutent ouvertement de leurs limites, ce qui leur permet de se sentir tous les deux à l'aise et respectés dans leur aventure amoureuse.

Les rencontres sont une aventure passionnante qui offre des possibilités de développement, de connexion et de plaisir. En étant authentique, en clarifiant tes attentes et en pratiquant des rencontres sans risque, tu te prépares à vivre une expérience positive. Garde à l'esprit que l'aventure des rencontres ne consiste pas seulement à trouver quelqu'un d'autre, mais aussi à mieux te connaître et à découvrir ce que tu apprécies chez un partenaire. Alors, lance-toi dans cette aventure avec confiance et respect !

Pratiques sécuritaires en matière de rencontres

La sécurité doit être le maître mot lors de tes rendez-vous amoureux. Voici comment faire en sorte que tes rencontres se déroulent en toute sécurité :

- **Rencontrez-vous en public** : Pour les premiers rendez-vous, opte pour des lieux publics où tu te sens à l'aise et en sécurité, comme un café, un parc ou un restaurant.

- **Partage tes projets** : Informe un(e) ami(e) de confiance ou un membre de ta famille de tes projets, notamment de l'endroit où tu seras, avec qui (c'est encore mieux si tu transmets son numéro de téléphone) et de l'heure à laquelle tu prévois de rentrer.

- **Fie-toi à ton instinct** : si tu ne te sens pas à l'aise, fais confiance à ton instinct et écourte poliment le rendez-vous. Ton intuition peut se révéler un excellent conseiller.

- **Limite les informations personnelles** : Sois prudent(e) lorsque tu partages trop d'informations personnelles au début d'une relation. Évite de donner ton adresse, des données financières concernant ta famille ou d'autres informations sensibles.

- **Si tu utilises une application de rencontres (pour les plus de 18 ans)** : Nous l'avons déjà évoqué précédemment, ne donne pas ton nom de famille, ton adresse, évite de donner ton numéro de téléphone trop tôt.

- **Vérification en ligne** : Certaines applications et sites de rencontres proposent des fonctions de vérification de l'identité des utilisateurs. Pense à utiliser ces fonctions pour plus de sécurité.

- **Sécurité en ligne** : Sois prudent(e) lorsque tu partages des informations intimes ou des photos personnelles en ligne, car elles peuvent être utilisées à mauvais escient. Réfléchis à deux fois avant d'envoyer des photos intimes, car elles peuvent tomber entre de mauvaises mains et garde toujours en tête qu'une relation amoureuse peut se terminer et que les photos ou les informations intimes partagées peuvent alors être utilisées pour se "venger".

- **Reste sobre** : Il est essentiel de rester lucide lors des rendez-vous galants afin de prendre des décisions judicieuses et d'assurer ta sécurité. Évite de consommer de l'alcool ou d'autres substances.

- **Organise ton transport** : Prévoie un moyen de transport pour te rendre au rendez-vous et en revenir. Ne dépends pas des autres pour rentrer chez toi en sécurité.

- **Prévoie un plan d'urgence** : Prévoie toujours un plan de secours au cas où les choses ne se passeraient pas comme prévu. Aie un téléphone chargé, de l'argent liquide et sache où se trouvent les lieux publics ou les endroits sûrs à proximité.

- **Sois prudent(e) lorsque tu rencontres quelqu'un pour la première fois**. Tu peux par exemple te faire accompagner par un(e) ami(e) de confiance dans un lieu public ou organiser une sortie de groupe.

N'oublie pas que, même s'il est important d'être prudent(e), la plupart des personnes que tu rencontreras lors de tes rendez-vous sont sincèrement désireuses de te connaître.

Fais confiance à ton instinct, communique ouvertement et donne la priorité à ta sécurité dans toutes les situations de rencontre.

Drapeaux rouges et signes d'alerte

À l'instar des panneaux routiers indiquant un danger, les drapeaux rouges sont des signes d'alerte dans une relation qui suggèrent des problèmes potentiels. Voici quelques exemples de signaux d'alerte à surveiller lors d'une relation amoureuse :

- **Comportement contrôlant** : Si ton partenaire essaie de contrôler ce que tu portes, avec qui tu passes du temps ou où tu vas, c'est un signal d'alarme. Les relations saines reposent sur la confiance et le respect de l'indépendance de chacun.

- **Manque de respect** : Toute forme de manque de respect, qu'il s'agisse d'injures, de dévalorisation ou de rejet de tes sentiments, est un signal d'alarme. Dans une relation saine, les deux partenaires se traitent avec gentillesse et respect.

- **Isolement** : Si ton ou ta partenaire essaie de t'isoler de tes amis et de ta famille ou te décourage de poursuivre tes intérêts, c'est inquiétant. Les relations saines favorisent les liens sociaux et l'épanouissement personnel.

- **Jalousie et possessivité** : Une jalousie ou une possessivité constante peut être le signe d'une insécurité et d'un manque de confiance. La confiance et la liberté sont essentielles dans une relation saine.

- **Manque de communication** : Si ton ou ta partenaire évite de discuter de sujets importants ou refuse d'écouter ton point de vue, c'est un signal d'alarme. Les relations saines reposent sur une communication ouverte et honnête.

- **Comportement incohérent** : Si le comportement de ton ou ta partenaire varie considérablement, allant d'un amour extrême à une attitude distante, cela peut être un signe d'instabilité. La cohérence est essentielle dans une relation saine.

- **Le mépris des limites** : Le fait d'ignorer ou de rejeter tes limites est un signal d'alarme important. Dans une relation saine, les deux partenaires respectent les limites de l'autre.

- **Disputes fréquentes** : Si les désaccords sont normaux, les disputes fréquentes et intenses qui dégénèrent en cris sont préoccupantes. Dans une relation saine, les conflits sont résolus de manière constructive.

- **Mensonge** : La confiance est le fondement de toute relation. Si votre partenaire ment constamment ou se montre secret, c'est un signal d'alarme. La franchise et l'honnêteté sont essentielles.

- **Pression pour obtenir une intimité physique** : Si ton ou ta partenaire te pousse à l'intimité physique alors que tu n'es pas prêt(e) ou à l'aise, c'est un signal d'alarme important. Le consentement et le confort sont essentiels dans une relation saine.

N'oublie pas qu'il ne s'agit que d'exemples et que les signaux d'alarme peuvent varier d'une relation à l'autre. Fais confiance à ton instinct et à tes sentiments ; si quelque chose ne te semble pas correct ou te met mal à l'aise, il est essentiel de l'aborder et de demander des conseils ou du soutien si nécessaire.

Dans une relation saine, les deux partenaires doivent se sentir en sécurité, respectés et valorisés.

Chapitre 3 : Construire des bases solides

À quoi ressemble une relation saine ? Ce chapitre en donne une définition. Nous discuterons également de l'importance de fixer des limites et de respecter celles de l'autre. Des compétences de communication efficaces constitueront la boîte à outils qui te permettra de créer des liens solides.

Comprendre et nourrir des relations saines

Imagine ta relation comme un arbre. Les racines représentent les fondations solides, tandis que les branches symbolisent la belle croissance qui peut se produire lorsque les bases sont solides. Dans ce chapitre, nous allons étudier en profondeur comment construire ces racines solides.

Définition des relations saines

Une relation saine est comme une couverture douillette par temps froid. Elle te permet de te sentir en sécurité, valorisé(e) et soutenu(e). Voici ce sur quoi repose une relation saine :

- **La confiance** : La confiance est le terreau dans lequel votre relation se développe. Il s'agit de croire en l'autre et de savoir que l'on peut compter l'un sur l'autre. Si ton ou ta partenaire te confie quelque chose de personnel, ne le partage jamais avec tes ami(e)s, même si vous rompez. Ne trahis pas sa confiance en toi.

- **Le respect** : Le respect est la lumière du soleil qui nourrit votre relation. Il s'agit d'apprécier les sentiments, les pensées et les limites de l'autre.

- **La communication** : La communication est l'eau qui maintient la vitalité de votre relation. Il s'agit d'écouter, de partager et de comprendre l'autre. Si tu rencontres un problème dans ta relation, ne t'affole pas. Un problème ne signifie pas automatiquement que la relation est condamnée. Cependant, les problèmes ne font que s'aggraver quand on les cache. Il est préférable d'admettre que quelque chose ne va pas, d'en parler ensemble et d'essayer de le résoudre ensemble. Cela peut sembler effrayant ou gênant, mais il faut quand même le faire. Cela deviendra plus facile avec le temps, et la résolution des problèmes fait partie intégrante de toute bonne relation.

- **Reste toi-même** : Il est naturel de partager des intérêts avec la personne que tu fréquentes, mais tu dois aussi continuer à développer une identité en dehors de cette personne. Réfléchis toujours à ce que tu aimes et à ce dont tu as besoin. Intéresse-toi à un domaine qui t'est propre. Cela améliorera ton estime de soi, et le fait d'avoir confiance en toi te permettra d'être plus confiant(e) dans ta relation.

- **Les ami(e)s** : Certaines personnes laissent tomber tous leurs amis lorsqu'elles commencent à sortir avec quelqu'un. Ne sois pas cette personne ! Personne ne veut d'un(e) ami(e) qui le(la) laisse tomber pour quelqu'un d'autre, et tu as besoin d'une vie sociale en dehors de ton petit ami ou de ta petite amie.

Fixer des limites et les respecter

Imagine les limites comme des clôtures invisibles autour de votre arbre. Elles définissent ce qui est acceptable et ce qui ne l'est pas dans votre relation. Voici comment fixer des limites et les respecter :

Cartographie des limites

- Dessine un cercle et intitule-le "Mon espace personnel".
- À l'intérieur du cercle, écris ce qui te met à l'aise, comme "l'intimité dans ma chambre" ou "du temps pour moi après l'école".
- Maintenant, dessine un autre cercle et intitule-le "Notre espace commun".
- À l'intérieur de ce cercle, écris ce qui est acceptable dans votre relation, comme "se tenir la main" ou "partager ses sentiments".
- Discute de tes limites avec ton ou ta partenaire ou un(e) ami(e) en qui tu as confiance. Il est essentiel de définir clairement ses propres zones de confort.

Tu peux utiliser la page suivante pour cartographier tes limites.

Mon espace personnel

Notre espace commun

Avoir une communication efficace

Les relations saines reposent sur une bonne communication. C'est comme avoir une feuille de route pour naviguer dans les méandres de la vie. Voici comment communiquer efficacement :

Savoir écouter

L'écoute active est comme un pont qui te relie à ton ou ta partenaire. Elle permet d'instaurer la confiance, d'encourager une communication ouverte et d'approfondir votre relation. Voici pourquoi elle est essentielle :

- **Elle montre que tu te soucies des autres** : Lorsque tu écoutes activement, tu dis : "Je suis intéressé(e) par ce que tu dis et je veux comprendre".

- **Elle évite les malentendus** : La mauvaise communication est comme un fil emmêlé. L'écoute active permet de démêler les nœuds et de s'assurer que vous êtes sur la même longueur d'onde.

- **Elle résout les conflits** : De nombreux conflits naissent de malentendus. L'écoute active permet d'identifier et de résoudre les problèmes avant qu'ils ne s'aggravent.

L'écoute active ne consiste pas seulement à entendre des mots. Il s'agit d'une combinaison de plusieurs éléments :

- Garde ton téléphone dans ta poche ou ton sac.
- Regarde l'orateur. Cela montre que tu es engagé(e) et que tu es attentif.
- Adopte un langage corporel ouvert et accueillant. Évite de croiser les bras ou de paraître distrait.
- Fais des hochements de tête, dis "Je vois", "Continue" et autres signes verbaux pour montrer que tu écoutes.
- Répète ce que tu as entendu pour confirmer ta compréhension. Par exemple : "Donc, ce que j'entends, c'est..."

Exercice : Le jeu de l'écho

- Trouve un partenaire et mets-toi face à lui.
- Une des deux personnes raconte une courte histoire ou une expérience pendant que l'autre l'écoute activement.
- Lorsque l'orateur a terminé, l'auditeur répète ce qu'il a entendu.
- L'orateur confirme l'exactitude de ce qu'il a entendu ou propose des corrections.
- Changez de rôle et répétez.

Exemple : L'écoute active en action

Emma et Alex forme un jeune couple. Imagine qu'Emma raconte à Alex sa journée difficile à l'école. Au lieu de hocher la tête, Alex écoute activement :

Emma : "J'ai eu une journée difficile à l'école. J'avais beaucoup de devoirs et j'ai un examen demain, et je me sens très stressée."
Alex : "Je te comprends, Emma. On dirait que tu as eu une journée très difficile avec beaucoup de devoirs et un examen à venir. Tu te sens stressée à cause de tout cela, n'est-ce pas ?"
Emma : "Exactement, Alex."

Dans cet exemple, Alex n'a pas seulement entendu les mots, il a aussi reflété les sentiments et les pensées d'Emma. Cela montre qu'il est vraiment engagé dans la conversation et qu'il se soucie des émotions de Sarah.

L'écoute active est un cadeau que nous offrons à notre partenaire. Elle lui dit : "Je suis là pour toi et j'accorde de l'importance à ce que tu as à dire". En maîtrisant cette compétence, un couple sain et uni se construit sur des bases solides. Pratique-la régulièrement et tu verras tes relations s'épanouir grâce à une compréhension et une confiance accrues.

Chapitre 4 : Amour et émotions

L'amour et les émotions sont les couleurs qui peignent la toile de tes relations. Dans ce chapitre, nous allons nous pencher sur la compréhension des émotions dans les relations, la gestion de la jalousie et de l'insécurité, et l'expression efficace des sentiments.

- **Sois toi-même** : L'authenticité est ta boussole. Reste fidèle à qui tu es, à tes centres d'intérêt et à tes valeurs. Cette attitude te permettra d'attirer des personnes qui t'apprécient à ta juste valeur.

- **Précise tes attentes** : Les rencontres peuvent avoir des significations différentes selon les personnes. Il est essentiel de clarifier ce que les rencontres signifient pour toi et de communiquer clairement tes attentes.

- **Sache reconnaitre tes émotions** : La première étape consiste à reconnaître ce que tu ressens. Les émotions peuvent aller du bonheur et de l'amour à la tristesse, la colère et la peur. Il n'y a pas de mal à ressentir toute une gamme d'émotions.

Comprendre les émotions dans les relations

Comprendre les émotions dans une relation, c'est reconnaître ses propres sentiments et ceux de son ou sa partenaire, et faire preuve d'empathie à leur égard. Il s'agit d'un aspect fondamental de la construction d'une relation saine et prospère. Voici une exploration plus détaillée de ce que signifie comprendre les émotions dans une relation.

- **Conscience de soi** : La compréhension des émotions commence par la conscience de soi. Il s'agit de reconnaître, d'identifier ses propres émotions lorsqu'elles se manifestent et de comprendre les raisons de ces sentiments.

Exercice : Journal des émotions

Prends un moment chaque jour pour faire le point sur tes émotions. Tiens un journal et, à la fin de chaque journée, écris les émotions que tu as ressenties et ce qui les a déclenchées. Avec le temps, cela t'aidera à mieux comprendre tes schémas émotionnels et les éléments déclencheurs.

- **Empathie** : l'empathie est la capacité de se mettre à la place d'une autre personne et de comprendre ses émotions de son point de vue. Dans une relation, cela signifie non seulement reconnaître les sentiments de ton ou ta partenaire, mais aussi les valider et montrer que tu te soucies d'elle ou de lui.

Exercice : Pratique de l'empathie

- Lorsque ton ou ta partenaire exprime une émotion, fais une pause et essaie de voir la situation de son point de vue.
- Pose des questions ouvertes telles que : "Qu'as-tu ressenti ?" ou "Que t'est-il passé par la tête ?".
- Offre des réponses empathiques telles que "Je comprends pourquoi tu te sens comme ça" ou "Je suis là pour toi".

Gérer la jalousie et l'insécurité

La jalousie et l'insécurité peuvent être comme des ombres dans une relation. Il convient de les mettre en lumière pour les gérer efficacement.

La jalousie a souvent des déclencheurs spécifiques. Il peut s'agir de la peur de perdre l'attention de ton ou de ta partenaire ou de te sentir menacé(e) par d'autres personnes.

Exercice : La traque des déclencheurs

- Prends un carnet et note les moments où tu te sens jaloux(se) ou peu sûr(e) de toi.
- Note ce qui a déclenché ces sentiments, ce que tu as ressenti et comment tu as réagi.
- Réfléchis aux schémas et aux moyens possibles de remédier aux déclencheurs.

Les relations saines impliquent une communication ouverte sur les sentiments de jalousie et d'insécurité. Si tu éprouves de jalousie, tu peux en discuter avec ton ou ta partenaire.

- **Pour avoir une conversation constructive :**

- **Prépare-toi.** Si possible, prends le temps d'écrire ce que tu veux dire à l'avance, car cela peut t'aider à rassembler tes idées. Entraîne-toi à répéter ce que tu veux dire en t'isolant ou en simulant une conversation avec un(e) ami(e). Respire profondément et médite avant la conversation, si ces méthodes te calment.

- **Fais part de tes préoccupations, sans porter d'accusations.** Il sera facile pour ton ou ta partenaire de se mettre sur la défensive si tu commences à énumérer toutes les choses qu'il ou elle fait et qui te rendent jaloux(se). Au lieu de cela, concentre-toi sur tes sentiments et tes inquiétudes.

- **Utilise des phrases "je" plutôt que "tu".** Dis par exemple :
- "Je suis jaloux quand je te vois faire X, et je voulais en parler" plutôt que "Tu me rends vraiment jaloux(se) quand tu fais X".
- "Je veux partager les sentiments de jalousie que j'ai éprouvés", plutôt que "Tu me rends tellement jaloux(se) ces derniers temps !

- **Sois patient(e) et compatissant(e).** Même si tu évoques ces sentiments avec autant de sensibilité que possible, tu dois t'attendre à ce que ton ou ta partenaire réagisse avec force.

- Après tout, tu lui dis que quelque chose qu'il ou elle fait déclenche des sentiments de jalousie chez toi. Il est compréhensible qu'il ou elle se sente sur la défensive ou contrarié(e).

- **Essaye de donner de l'espace aux sentiments de ton ou ta partenaire.** N'oublie pas qu'il ou elle peut avoir besoin d'un peu de temps pour digérer tout cela et qu'il ou elle n'aura peut-être pas immédiatement une réponse rationnelle ou compatissante.

Exemple : Comprendre les émotions en action

Emma et Alex sont ensemble depuis un certain temps. Un jour, Emma se sent jalouse lorsqu'elle voit Alex parler à une élève souriante dans la cour. Elle utilise sa nouvelle compréhension des émotions.

Emma : "J'ai ressenti une poussée de jalousie quand je t'ai vu parler à cette autre fille. Je pense que cela a déclenché mon insécurité."
Alex : "Je comprends, Emma. Je ne voulais pas te faire ressentir cela. Parlons-en quand tu le souhaiteras."

Dans cet exemple, Emma reconnaît son émotion (la jalousie), la communique à l'aide d'un "je" et ouvre la porte à une conversation apaisée avec Alex.

Exprimer efficacement ses sentiments

La compréhension des émotions passe par une communication efficace. Il ne s'agit pas seulement de savoir ce que l'on ressent, mais aussi d'exprimer ces sentiments à son ou sa partenaire de manière claire et constructive.

- Entraîne-toi à exprimer tes émotions à ton ou ta partenaire en utilisant des "je". Par exemple, au lieu de dire "Tu me mets toujours en colère", dis "Je me sens frustré(e) quand cela arrive".
- Encourage ton ou ta partenaire à partager ses émotions ouvertement, créant ainsi un espace sûr pour l'expression émotionnelle.
- La validation consiste à reconnaître et à accepter nos émotions et celles de notre partenaire comme étant valables et légitimes. Elle est essentielle car elle aide ton ou ta partenaire à se sentir écouté(e) et compris(e).

Exercice : Validation émotionnelle

- Lorsque ton ou ta partenaire exprime une émotion, réponds en la validant. Par exemple, dis : "C'est tout à fait normal de se sentir comme ça" ou "Je comprends pourquoi tu te sens comme ça".
- Évite de rejeter ou de banaliser les émotions de ton ou ta partenaire, même si tu n'es pas entièrement d'accord avec elles.

- **Soutien**: Comprendre les émotions implique également d'apporter un soutien en cas de besoin. Il s'agit d'être présent pour ton ou ta partenaire dans les moments émotionnels difficiles, de le ou la réconforter et de l'aider à trouver des solutions si nécessaire.

Exercice : Réponses de soutien

- Entraîne-toi à offrir ton soutien en posant des questions telles que : "Y a-t-il quelque chose que je puisse faire pour t'aider ?" ou "Qu'est-ce que tu attends de moi en ce moment ?"
- Sois patient(e) et ne porte pas de jugement lorsque ton ou ta partenaire éprouve des émotions difficiles.

Imagine Emma et Alex, un couple qui s'entraîne fréquemment à comprendre les émotions :

Alex : "J'ai eu une journée difficile à l'école. Je me sens vraiment stressé."

Emma : "Je suis désolée de l'apprendre, Alex. Y a-t-il quelque chose de particulier qui te tracasse ?"

Alex : "Eh bien, j'ai eu un désaccord avec mon binôme sur un projet en sciences et cela me préoccupe."

Emma : "Je comprends que cela puisse être stressant. Si tu veux en parler davantage, je suis là pour t'écouter."

Dans cet exemple, Emma fait preuve d'empathie, de validation et de soutien en s'engageant activement dans les émotions d'Alex. Elle crée un espace sûr pour lui permettre d'exprimer ses sentiments et lui propose d'écouter et d'aider.

La compréhension des émotions dans une relation est comme la colle qui maintient le lien. Elle favorise la confiance, l'empathie et l'intimité, en créant un environnement sûr et favorable à l'expression des deux partenaires.

En pratiquant la connaissance de soi, l'empathie, la communication efficace, la validation et le soutien, tu renforceras les liens émotionnels qui rendent toute relation solide et résistante.

Chapitre 5 : Résolution des conflits

Les conflits font naturellement partie de toute relation, mais la façon dont on les gère peut faire toute la différence. Dans ce chapitre, nous allons explorer quatre aspects clés de la résolution des conflits : la compréhension, la communication, le compromis, s'excuser et pardonner.

Gérer les conflits

S'il t'arrive souvent de te disputer, il peut être utile de comprendre pourquoi. Chaque fois que tu as un désaccord avec ton ou ta partenaire, note les points suivants :

- Qu'est-ce qui a déclenché la dispute ?
- Comment te sentais-tu avant la dispute (faim, stress, fatigue, douleur, maladie...) ?
- Comment t'es-tu senti pendant le désaccord ?
- Sur quoi les deux parties n'étaient-elles pas d'accord ?
- Que crois-tu que l'autre personne pensait ?

Ces notes t'aideront à comprendre pourquoi les conflits surviennent et ce que tu ressens. C'est comme une carte pour naviguer dans les situations délicates. Il est utile de **comprendre la cause première**.

Communication durant les conflits

Nous avons tendance à considérer les conflits comme une mauvaise chose, mais ce n'est pas toujours le cas. Les conflits peuvent même rapprocher un couple s'il est capable de respecter les règles suivantes en cas de désaccord :

- **Reste calme** : En cas de conflit, il est recommandé de respirer profondément et de rester aussi calme que possible. Les émotions peuvent être vives, mais réagir sous le coup de la colère ou de la frustration peut aggraver la situation.

- **Écoute activement** : Les conflits naissent souvent d'une mauvaise communication ou d'un malentendu. Efforce-toi d'écouter activement ton ou ta partenaire. Cela signifie que tu ne te contentes pas d'entendre ce qu'il ou elle dit, mais que tu essaies de comprendre son point de vue.

- **Utilise des phrases en "je"** : Explique ce que tu ressens et sois précis(e). Évite les généralisations et n'évoque pas les désaccords passés. Focalise-toi sur un problème précis. Au lieu de dire "Tu fais toujours ça", essaye de dire "Je me sens blessé(e) quand cela arrive". Les déclarations "je" expriment tes sentiments sans blâmer ou accuser ton ou ta partenaire.

- **Recherche le compromis** : la résolution saine des conflits passe souvent par la recherche d'un terrain d'entente. Sois prêt à faire des compromis et à trouver des solutions qui conviennent à tous les deux. Garde à l'esprit qu'il ne s'agit pas de gagner, mais de trouver une solution qui soit bénéfique pour la relation.

- **Fais une pause si nécessaire** : Si un désaccord devient trop vif, il est bon de faire une pause. Parfois, un peu d'espace peut t'aider à te calmer et à penser plus clairement.

Exercice : Résolution de conflit

- Imagine un scénario de conflit courant dans une relation, par exemple un désaccord sur la façon de passer le temps libre.
- Joue ce scénario avec un(e) ami(e), en jouant à tour de rôle le rôle de celui qui est en désaccord.
- Entraîne-toi à dire "je", à écouter activement et à chercher le compromis.
- Discute de ce que tu as appris dans le jeu de rôle et de la manière dont tu pourrais appliquer ces compétences dans les conflits de la vie réelle.

Emma et Alex, un couple que nous avons rencontré précédemment, sont confrontés à un conflit sur la façon de passer leur samedi. Emma veut faire une sortie dans la nature, tandis qu'Alex préfère regarder un film à la maison.

Emma : "J'aime beaucoup les activités de plein air et je me réjouissais à l'idée de faire une randonnée".
Alex : "J'ai eu une longue semaine et je veux juste me détendre à la maison."

Au lieu d'aggraver le conflit, ils décident d'utiliser des techniques de résolution des conflits. Ils prennent tous deux une grande inspiration pour se calmer avant de discuter du problème.

Emma écoute le besoin de détente d'Alex, tandis qu'Alex comprend le désir d'Emma de faire des activités de plein air.

Emma : "J'ai hâte de faire de la randonnée parce que j'aime être dans la nature."
Alex : "Je suis fatigué après une semaine d'école et j'ai besoin d'un peu de repos".

Ils décident de faire un compromis. Ils iront faire une randonnée le matin et passeront l'après-midi à regarder un film à la maison.

Des façons saines de se disputer

Imagine que tu joues un rôle pour t'entraîner à communiquer. Tu peux être celui qui a un problème et ton ami(e) peut être celui qui écoute. Essaye d'utiliser des phrases en "je" comme "je me sens" et "je pense", et écoute vraiment ce que dit ton ami(e). Cet exercice t'aidera à mieux communiquer et à exprimer clairement tes sentiments.

Dans ton jeu de rôle, toi et ton ami(e) avez parlé et écouté à tour de rôle. Au lieu de dire : "Tu ne m'écoutes jamais", tu as dit : "Je ne me sens pas écouté(e) lorsque nous ne parlons pas de mes sentiments". Ton ami(e) a répondu : "Je comprends qu'il est important de parler de tes sentiments et je veux y travailler".

Imaginez un jeu dans lequel vous proposez tous deux des solutions et trouvez à tour de rôle un terrain d'entente. Supposons que vous vous disputiez sur le film à aller voir au cinéma. L'un(e) de vous veut un film d'action, l'autre une comédie. Continuez à proposer des idées jusqu'à ce que vous en trouviez une qui vous plaise à tous les deux. Après quelques échanges, vous vous êtes mis d'accord pour regarder un film d'action comique qui vous a fait rire tous les deux.

Ce jeu montre comment le compromis peut aider à trouver des solutions qui satisfont tout le monde.

En utilisant ces techniques de résolution des conflits, Emma et Alex trouvent une solution qui respecte leurs besoins respectifs et renforce leur relation.

Le conflit est un élément naturel de toute relation. Au lieu de le craindre, il faut le considérer comme une occasion de croissance et de compréhension. Grâce à une écoute active, à une communication respectueuse et à une volonté de compromis, les conflits peuvent être résolus de manière à renforcer votre relation plutôt qu'à l'affaiblir. Garde à l'esprit qu'il ne s'agit pas d'éviter les conflits, mais de les résoudre de manière saine.

S'excuser

Demander pardon, c'est assumer la responsabilité de ses actes ou de ses paroles qui ont pu blesser ou causer du tort à quelqu'un. C'est une façon de reconnaître que tu as commis une erreur et d'exprimer tes regrets. Voici comment le faire efficacement :

- **Reconnais ton erreur** : Commence par admettre ce que tu as fait de mal ou les paroles blessantes que tu as prononcées. Sois précis(e).

- **Exprime des regrets sincères** : Montre un remords sincère pour la façon dont tes actions ou tes paroles ont affecté l'autre personne. Utilise des expressions telles que "Je suis vraiment désolé(e)" ou "Je regrette profondément".

- **Assume tes responsabilités** : Évite de trouver des excuses ou de rejeter la faute sur les autres. Accepte que tu as commis une erreur et que c'était ton choix.

- **Demande pardon** : Demande humblement à la personne que tu as blessée de te pardonner. Utilise des phrases comme " Peux-tu accepter de me pardonner ? "

- **Fais amende honorable** : Si possible, propose de faire amende honorable ou de corriger la situation. Ce geste témoigne de ta volonté de ne pas répéter la même erreur.

Pardonner

Le pardon est l'acte de renoncer au ressentiment et à la colère à l'égard d'une personne qui t'a fait du mal. Cela ne veut pas dire que tu cautionnes ses actes, mais cela te permet d'aller de l'avant et de guérir. Voici comment pratiquer le pardon :

- **Comprends tes émotions** : Reconnais et accepte tes émotions, y compris la colère et la souffrance. C'est normal de se sentir ainsi.

- **Empathie** : essaye de voir la situation du point de vue de l'autre personne. Cela n'excuse pas son comportement mais peut t'aider à mieux le comprendre.

- **Communique** : Si tu te sens à l'aise, parle à la personne qui t'a blessé de la façon dont ses actions t'ont affecté. Le fait de partager tes sentiments peut t'aider à mieux comprendre la situation.

- **Fixe des limites** : En fonction de la situation, établis des limites pour te protéger contre d'autres formes de souffrance. Le pardon ne signifie pas que tu doives te remettre dans une situation nocive.

- **Lâche prise** : Relâche la colère et le ressentiment que tu gardes. Il s'agit d'un processus graduel qui peut prendre du temps, mais qui est essentiel à ton bien-être émotionnel.

- **Va de l'avant** : Concentre-toi sur le présent et l'avenir plutôt que de ressasser le passé. Le pardon te permet de te libérer du fardeau de la rancune.

Exemple : Demander pardon et pardonner en action

Supposons qu'Emma se soit disputée avec Alex. Elle a dit des choses blessantes dans le feu de l'action. Voici comment Emma peut demander pardon :

Emma : "Je veux parler de ce qui s'est passé hier. Je suis vraiment désolée d'avoir dit des choses blessantes. C'était mal et je le regrette profondément. Peux-tu trouver la force de me pardonner ?"
Alex : "J'apprécie que tu reconnaisses ton erreur et que tu t'excuses. J'ai besoin d'un peu de temps, mais je suis prêt à travailler sur cette question avec toi."
Alex (après un certain temps) : "J'ai réfléchi et je comprends que nous commettons tous des erreurs. Je te pardonne pour ce qui s'est passé."

Dans cet exemple, Emma a assumé sa responsabilité, exprimé tes regrets et demandé pardon. Alex, à son tour, a fait preuve d'empathie et a fini par lui pardonner, ce qui leur a permis à tous les deux de guérir et de faire progresser leur relation.

Souviens-toi que le pardon est un outil puissant de guérison et de renforcement des relations, mais qu'il s'agit aussi d'un processus personnel qui peut prendre du temps.

Chapitre 6 : Grandir ensemble

Dans ce chapitre, nous verrons comment les relations peuvent se développer et s'épanouir lorsque toi et ton ou ta partenaire poursuivez vos rêves. Nous parlerons du concept de croissance dans les relations amoureuses, du soutien aux rêves de l'autre et de l'établissement d'objectifs en commun.

Le concept de croissance dans les relations

En un mot, les relations sont comme des jardins. Elles ont besoin de soins et d'attention pour se développer. Voici ce que tu dois savoir :

Exercice : La plante de la relation

- Imagine ta relation comme une plante. Dessine-la ou décris-la.
- Pense à ce dont ta relation a besoin pour se développer, comme la confiance, la communication et des moments de qualité.
- Disons que la plante de votre relation a des feuilles étiquetées "Bonheur" et "Aventure" et des feuilles étiquetées "Confiance" et "Respect". Pour l'aider à grandir, toi et ton ou ta partenaire pouvez planifier des activités communes qui renforcent la confiance et permettent de construire des souvenirs.

Cet exercice t'aide à visualiser la croissance de ta relation et à identifier les domaines dans lesquels tu peux l'entretenir.

Soutenir les objectifs et les rêves de l'autre

Soutenir les rêves des uns et des autres, c'est se soutenir mutuellement. Voici comment procéder :

Exercice : Partage des rêves

- À tour de rôle, partagez vos plus grands rêves et objectifs avec votre partenaire.
- Discutez de la manière dont vous pouvez vous soutenir mutuellement dans la réalisation de ces rêves.
- Vous pouvez réaliser un tableau de visualisation. Vous pouvez y coller des images découpées dans des magazines qui représentent vos rêves et vos aspirations. Il peut s'agir de dessins, de mots ou de photographies.

Cet exercice encourage une communication ouverte sur vos aspirations et renforce vos liens en montrant que vous êtes là l'un pour l'autre.

Exemple : Soutien aux rêves

Imaginons que tu souhaites devenir un(e) musicien(ne) talentueux(se) et que ton ou ta partenaire rêve de devenir un(e) scientifique accompli(e). Vous discutez de la manière dont vous pouvez assister aux concerts de l'autre ou l'aider dans ses expériences, montrant ainsi que vous soutenez les rêves de l'autre.

Objectifs et étapes de la relation

Tout comme tu peux avoir des projets personnels, votre relation peut aussi avoir des objectifs. C'est comme si vous aviez une feuille de route pour un avenir heureux :

Exercice : Liste des choses à faire dans votre relation

- Dressez une liste des choses que vous voulez faire ensemble dans votre relation, comme voyager vers une destination spécifique, apprendre à danser ensemble, acquérir une nouvelle compétence ou faire du bénévolat pour une cause qui vous tient à coeur à tous les deux.
- Fixez un calendrier pour la réalisation de ces objectifs.

____

____

____

____

____

____

____

____

____

____

____

Cet exercice vous aide à visualiser votre avenir commun et vous donne des raisons de vous réjouir.

Votre relation peut s'apparenter à un magnifique voyage de croissance et de soutien. En comprenant le concept de croissance dans les relations, en soutenant les rêves de l'autre et en établissant des objectifs relationnels, vous nourrissez un lien qui peut résister aux défis et vous apporter à tous deux bonheur et épanouissement.

Souvenez-vous qu'il s'agit de grandir ensemble en tant qu'individus et en tant que couple !

Chapitre 7 : Une intimité saine

Parlons d'un aspect essentiel des relations : l'intimité. Il ne s'agit pas seulement de rapports physiques, mais aussi d'émotions, de confiance et de limites. Dans ce chapitre, nous explorerons l'intimité physique et émotionnelle, le consentement et les limites, ainsi que l'établissement de la confiance et de la complicité.

Intimité émotionnelle

L'intimité ne consiste pas seulement à se tenir la main ou à s'embrasser ; il s'agit aussi de se sentir proche de quelqu'un sur le plan émotionnel. Voici ce que tu peux faire :

Exercice : Connexion émotionnelle

Partage un souvenir d'enfance, un rêve ou une histoire personnelle dont tu n'as jamais parlé avec ton ou ta partenaire. Parle de tes sentiments relatifs à ce souvenir ou ce rêve et demande-lui de faire de même.

Cet exercice vous aide à vous ouvrir sur le plan émotionnel, ce qui crée un lien plus profond entre vous deux.

Tu trouveras sur les deux pages suivantes une liste de questions à poser pour favoriser une connexion et une compréhension plus profondes de ton ou ta partenaire.

- Quel est ton plus beau souvenir d'enfance ? *Cette question encourage le partage d'expériences personnelles et joyeuses du passé.*

- Qu'est-ce qui te passionne vraiment ? *Le fait de connaître les passions de ton ou ta partenaire peut donner lieu à des conversations intéressantes et montrer que tu t'intéresses à ses centres d'intérêt.*

- Peux-tu me parler d'une période difficile de ta vie et de la façon dont tu l'as surmontée ? *Partager des histoires de résilience et de croissance personnelle peut créer un sentiment de vulnérabilité et de confiance.*

- Quels sont tes rêves et tes objectifs pour l'avenir ? *Discuter de vos aspirations vous aide à comprendre les espoirs et les rêves de ton ou ta partenaire, ce qui vous permet de vous soutenir mutuellement.*

- Quelle est la chose que tu as toujours voulu apprendre ou essayer mais que tu n'as pas encore faite ? *Cette question peut donner lieu à des discussions sur le développement personnel et les intérêts communs.*

- Comment envisages-tu notre avenir ensemble ? *Explorer votre avenir en tant que couple peut renforcer vos liens et vous aider à aligner vos objectifs et vos attentes.*

- Quelles sont les valeurs ou les croyances qui sont importantes pour toi dans une relation ? *Comprendre les valeurs fondamentales de l'autre peut t'aider à construire une relation qui s'aligne sur vos principes communs.*

- *Peux-tu me parler d'un moment où tu t'es vraiment senti(e) aimé(e) et apprécié(e) ? Discuter des moments d'amour et d'appréciation peut approfondir votre connexion émotionnelle.*

- Quelles sont les choses qui te font te sentir aimé(e) et soutenu(e) dans une relation ? *Cette question peut conduire à une discussion sur les langages de l'amour, t'aidant à exprimer ton amour d'une manière qui résonne avec ton ou ta partenaire.*

- Quelles sont tes peurs ou tes insécurités et comment puis-je t'aider à les surmonter ? *Cette question démontre ton engagement à aider ton ou ta partenaire à surmonter ses difficultés.*

Souviens-toi que l'écoute active et l'empathie sont les clés de la construction d'une intimité par le biais de questions. Lorsque ton ou ta partenaire s'exprime, veille à écouter attentivement, à poser des questions complémentaires et à exprimer ta compréhension et ton soutien. Ces conversations peuvent conduire à une connexion plus profonde et plus significative dans votre relation.

Intimité physique

Si tu es un(e) adolescent(e) qui fréquente quelqu'un, même de façon occasionnelle, le moment viendra où tu devras faire des choix concernant la partie physique de ta relation. Ce sujet peut être délicat, déroutant et difficile à aborder, mais si tu n'y réfléchis pas suffisamment tôt, tu risques de le regretter.

Tu dois prendre des décisions personnelles et fondées sur des valeurs. Il y a également des questions relationnelles à se poser. Et si tu envisages de devenir sexuellement actif(e), il y a d'importantes considérations pratiques à garder à l'esprit. Toi seul(e) peux répondre à ces questions.

- **Quels sont mes sentiments profonds à l'égard des relations sexuelles ?**

À quoi suis-je vraiment prêt(e) à mon âge ? Est-ce que je fais ce que je fais parce que je le veux vraiment ? Est-ce que cela me semble juste dans mon cœur et dans mon esprit ?

Rappelle-toi que les décisions concernant l'aspect physique des relations te reviennent. Il s'agit de ton corps. N'accepte pas la pression des autres.

- **Que me disent mes parents, ma tradition culturelle et mon héritage religieux, et qu'est-ce que j'en pense ?**

Tu es le produit de ton éducation, de ta culture et de tes croyances morales et religieuses. Ces facteurs peuvent être très importants pour toi et tu peux avoir des sentiments négatifs à l'idée d'aller à l'encontre de ce que l'on t'a enseigné ou de ce que tu crois. Examine-les attentivement lorsque tu prendras tes décisions.

- **Comment vais-je me sentir si d'autres personnes savent que j'ai des relations sexuelles ou une activité sexuelle ?**

Bien qu'il ne soit pas du tout cool de juger les autres pour leurs actions, sache que certaines personnes pourraient le faire. Il y a aussi la question de tes parents et de ceux de ton ou ta partenaire. Que penseront tes parents de ta relation physique avec ton petit ami ou ta petite amie ? Et comment te sentiras-tu par rapport à cela ?

- **Est-ce que je veux accepter les risques de l'intimité sexuelle ?**

L'intimité sexuelle est un cadeau merveilleux, mais de nombreuses personnes estiment que l'adolescence est trop précoce, en raison des conséquences émotionnelles, physiques et sanitaires potentielles.

C'est une période où l'on essaie d'abord de se comprendre soi-même et de trouver les moyens d'être heureux. Le fait d'avoir des relations intimes avec quelqu'un d'autre avant d'avoir appris à répondre à ses propres besoins peut rendre très difficile une relation de don et d'attention mutuels, qui sont deux conditions préalables à l'intimité. Tes choix dans ce domaine peuvent également t'affecter pendant longtemps (par exemple, si tu tombes enceinte ou si ta partenaire tombe enceinte ou si tu contractes une infection).

Tu dois aussi te poser des questions relatives à cette relation particulière.

- **Est-ce que je me sens vraiment en sécurité dans cette relation ? Dans quelle mesure ai-je confiance en cette personne ?**

Es-tu à l'aise et en confiance avec lui ou elle, ou te sens-tu encore nerveux(se), maladroit(e) et incertain(e) ? Bien sûr, il est naturel d'avoir le trac, mais si tu veux passer aux choses sérieuses sur le plan physique, tu dois être sûr d'avoir pleinement confiance en cette personne et de te sentir parfaitement à l'aise avec elle.

- **Puis-je parler honnêtement de ce sujet avec mon ou ma partenaire et l'ai-je fait ?**

Si tu envisages d'avoir une activité sexuelle comportant un risque de grossesse ou de maladie sexuellement transmissibles (MST), tu dois être en mesure de parler avec ton ou ta partenaire de la sécurité à respecter. Est-ce une conversation que tu peux avoir ? L'as-tu déjà eue ?

- **Pourquoi est-ce que je veux faire ce que je fais avec ce partenaire ?**

Si la réponse a quelque chose à voir avec "pour maintenir la relation", "parce qu'il/elle le veut vraiment", "parce que j'ai peur de le/la perdre", "parce que tout le monde le fait" ou "parce qu'il/elle m'aimera davantage", ce ne sont pas de bonnes raisons. La réponse saine est : "Parce que j'y ai réfléchi, que je me sens bien et que j'en ai envie".

Personne ne doit te mettre de pression pour que tu t'engages dans une intimité physique. Tu peux s'inquiéter d'être "en retard" sur le plan sexuel par rapport à tes ami(e)s, ou te sentir poussés à faire des choses que tu n'es pas encore prêt(e) à faire pour être accepté(e). Si quelqu'un exerce une pression sur toi, ne reste pas silencieux(se). Il n'y a pas de mal à dire : "Tu sais, tu me mets vraiment mal à l'aise, je n'ai pas envie de faire ça" et à partir.

Pense à régulièrement te demander : Est-ce que c'est quelque chose que je veux vraiment ? Est-ce que je me sens en sécurité et respecté(e) ? Est-ce que je ressens une quelconque pression pour faire quelque chose pour lequel je ne suis pas prêt(e), de la part de mon(ma) partenaire ou de mes ami(e)s ? "

Il va sans dire que les mêmes règles s'appliquent à ton ou ta partenaire. Ne suppose jamais qu'il ou elle veut ou accepte quelque chose parce que tu en as envie. Demande régulièrement : "Cela te plaît ?", "Allons-nous trop vite ?", "Es-tu toujours d'accord avec ça ?", "Es-tu à l'aise avec le fait que je te touche ici ?".

Les relations physiques saines reposent sur le consentement. Tu dois vraiment VOULOIR faire tout ce dans quoi tu es impliqué(e). Cela va des câlins et des baisers jusqu'aux rapports sexuels. Rappelle-toi que le consentement peut être retiré à tout moment.

Tu dois te souvenir que seul un "oui" retentissant équivaut à un consentement. Tout ce qui est moins clair est un signe qu'il est temps d'arrêter et de vérifier avant de continuer. Prête également attention au langage corporel de ton ou ta partenaire. Est-ce qu'il ou elle a l'air physiquement à l'aise ? Se penche-t-il(elle) vers toi ou s'éloigne-t-il(elle) de toi ? Les deux personnes initient-elles le contact sexuel ou est-ce unilatéral ? Semble-t-il(elle) détendu(e) ?

- **Est-ce que je comprends comment le fait d'avoir des relations physiques ou sexuelles avec cette personne peut m'affecter sur le plan émotionnel ?**

Les recherches montrent que lorsque les gens ont des relations sexuelles, les émotions liées à la relation ont tendance à devenir plus importantes et plus complexes. Es-tu prêt à vivre cette expérience à cet âge et à ce moment précis ? Cette relation est-elle adaptée ?

- **Ai-je un niveau suffisant d'éducation sexuelle ?**

Sais-tu comment se produit une grossesse et comment t'en préserver ou préserver ta partenaire ? Connais-tu les MST (Maladies Sexuellement Transmissibles) les plus courantes et leur mode de transmission ? Sais-tu ce dont tu as besoin pour te protéger et où tu pourras l'obtenir ? Si ce n'est pas le cas, tu n'es pas prêt(e) pour avoir une activité sexuelle.

- **Est-ce que je sais ce que je ferais si quelqu'un tombait enceinte ou contractait une MST ? Où irais-je ? Vers qui me tournerais-je ?**

La contraception et la protection contre les MST peuvent échouer. Sais-tu ce que tu ferais si cela t'arrivait, à toi ou à ton partenaire ? En avez-vous parlé ? Quelles sont les ressources disponibles localement et comment y accéder en toute sécurité ? Comment ta famille réagirait-elle ?

La décision de devenir physiquement intime avec un(e) partenaire est importante et il y a beaucoup de choses auxquelles il faut penser. Ne te laisse pas emporter dans le feu de l'action ou par une situation émotionnelle. Au contraire, prends le temps de réfléchir et de parler de tes sentiments et de tes convictions à l'avance. Parler à tes parents ou à un autre adulte de confiance peut aussi t'aider.

Comment te protéger des MST ?

Seul le préservatif (masculin ou féminin) protège des maladies sexuellement transmissibles. Son utilisation est indispensable tant que l'on n'a pas établi de relation stable avec un partenaire unique et réalisé un test de dépistage pour le VIH.

Le préservatif sert aussi à éviter les grossesses. Cependant, ce mode de contraception est parfois inefficace, à cause d'une mauvaise utilisation. C'est pourquoi il est recommandé :

- d'employer une autre méthode de contraception, en même temps que le préservatif ;
- en cas de rupture de celui-ci, s'il est utilisé seul, d'adopter le plus vite possible une contraception d'urgence.

Par ailleurs, avant un premier rapport sexuel, il est préférable de s'entraîner à mettre un préservatif masculin (sachant qu'il en existe de plusieurs tailles) ou féminin.

Il existe un vaccin contre le papillomavirus humain (HPV). L'infection sexuellement transmissible par le papillomavirus humain est très fréquente et elle augmente, en particulier, le risque de cancer du col de l'utérus.

Le vaccin est recommandé pour toutes les jeunes filles et également tous les garçons âgés de 11 à 14 ans révolus. Le vaccin est d'autant plus efficace que les jeunes filles et les jeunes garçons n'ont pas encore été exposés au risque d'infection par le HPV.

En rattrapage, le vaccin est recommandé pour les personnes des deux sexes de 15 à 19 ans révolus non encore vaccinées.

La première consultation de contraception chez l'adolescente
La jeune fille est reçue en consultation par le médecin, seule et de façon confidentielle, même si ses parents l'accompagnent.

Profite de l'examen de suivi à 15-16 ans pour parler sexualité et contraception à ton médecin.

Lors de la première consultation, le médecin s'enquiert de tes habitudes de vie, d'une éventuelle consommation de tabac et t'examine (prise de tension artérielle, recherche d'acné, stade de la puberté...).

L'examen gynécologique peut être expliqué et programmé lors d'une consultation ultérieure. Il n'est pas indispensable et ne peut être fait qu'avec le consentement de l'intéressée.

Les jeunes filles mineures qui hésitent à parler de contraception à leurs parents peuvent se rendre dans le centre de planning familial le plus proche de chez elles. Des médecins sont à leur disposition pour les informer, leur parler de sexualité et, éventuellement, leur prescrire un moyen de contraception.

Pour faciliter l'accès à la contraception des jeunes filles mineures, **la contraception de l'adolescente est gratuite et protégée par le secret.**

Un parcours sans avance de frais a été mis en place. Ce parcours est protégé par le secret et comporte :

- La première consultation de contraception,
- Une consultation de suivi réalisée par un médecin ou une sage-femme lors de la première année d'accès à la contraception,
- Une consultation annuelle réalisée, à partir de la deuxième année d'accès à la contraception, par un médecin ou une sage-femme, en vue d'une prescription de contraception ou d'examens biologiques en lien avec la contraception,

- Les contraceptifs remboursables (pilule de 1ère ou 2ème génération, implant contraceptif hormonal, stérilet),
- Les actes donnant lieu à la pose, au changement ou au retrait d'un contraceptif,
- Certains examens de biologie médicale liés à la contraception (glycémie à jeun, cholestérol total et triglycérides), une fois par an.

Tu trouveras plus de détails sur le site de l'Assurance Maladie : Ameli.fr

Consentement et limites dans l'intimité

Fixer des limites permet aux adolescent(e)s de communiquer avec les autres personnes sur ce qui est acceptable et ce qui ne l'est pas pour eux. Tes limites sont l'expression de l'estime que tu as pour toi-même et permettent aux autres de savoir qui tu es, ce que tu apprécies et comment tu veux être traité(e). En outre, les limites aident à créer un espace entre toi et les autres lorsque tu en as besoin.

Respecter les limites de l'autre est essentiel pour une relation saine.

Comment reconnaitre tes limites ?

- Si dans n'importe quelle situation donnée (on veut t'embrasser, on te propose une cigarette ou un verre d'alcool, etc.), tu te sens contrarié(e), en colère, frustré(e) ou triste, c'est probablement qu'une de tes limites est en train d'être testée. **Apprends à reconnaître tes sentiments** afin de savoir comment réagir.

- **Fais confiance à ton instinct**. Si tu as le sentiment que quelque chose ne va pas dans une situation donnée, c'est probablement le cas. Il ne s'agit pas d'un drame ou d'une sensibilité excessive, quoi qu'en disent les autres. Reste fidèle à toi-même, et non à ce que quelqu'un d'autre attend de toi.

- **Tu mérites le respect**. Si on te parle mal, si on cherche à faire pression sur toi par n'importe quel moyen (par la moquerie, la menace, le chantage émotionnel, l'insistance...), sache que c'est inacceptable. En acceptant les comportements malsains à ton égard, tu compromets ta propre valeur.

- Fixer des limites est difficile et demande beaucoup d'entraînement. C'est aussi quelque chose qui demande de la réflexion et de la prise de décision. C'est pourquoi tu as besoin de **quelques phrases de base qui te permettent de gagner du temps**. En voici quelques exemples : "Laisse-moi y réfléchir et revenir vers toi", "Non merci. Je ne suis pas à l'aise avec ça" ou "Laisse-moi parler à mes parents et je te tiendrai au courant demain". Le fait d'avoir quelques phrases à dire dans le feu de l'action t'évitera de te laisser entraîner ou de céder à la pression de tes camarades.

- Pour être un(e) bon(ne) ami(e) ou un bon(ne) partenaire, il n'est **pas nécessaire d'être d'accord sur tous les sujets**. En fait, le fait d'avoir des opinions ou des croyances différentes est ce qui rend les relations si intéressantes. Sois authentique et fais respecter tes valeurs.

Des limites saines assurent ta sécurité émotionnelle et physique sans essayer de contrôler ou de manipuler ton ou ta partenaire. Elles établissent tes désirs et tes besoins sans empiéter sur les droits et les besoins d'une autre personne.

Voici **quelques exemples de limites saines**, ne se limitant pas aux relations amoureuses ou à l'intimité physique :

- Communiquer ton désir d'avancer lentement dans une relation amoureuse et t'assurer que le consentement est au premier plan de chaque interaction et qu'il n'y a pas de pression pour en faire plus que ce que tu veux.

- Demander à quelqu'un de s'abstenir de te taquiner sur un sujet sensible et prévoir une conséquence s'il continue à le faire, par exemple en réduisant le temps passé ensemble.

- Dire à un(e) ami(e) que tu n'es pas à l'aise avec l'alcool et lui demander de soutenir ta décision de ne pas en boire.

- Faire savoir à un(e) ami(e) qui demande souvent à emprunter de l'argent sans te rembourser que tu ne pourras plus lui prêter d'argent tant qu'il ou elle n'aura pas remboursé ce qu'il ou elle te doit.

- Parler à un frère, une sœur ou à un de tes parents de ton besoin d'être seul(e) et lui demander de respecter ce besoin en n'entrant pas dans ta chambre sans frapper lorsque la porte est fermée.

- Demander à ton ou ta partenaire romantique de respecter le temps que tu passes avec d'autres personnes en ne t'appelant pas ou en ne t'envoyant pas de textos à répétition lorsque tu passes du temps avec d'autres personnes.

En revanche, les points suivants **ne constituent pas des limites saines** :

- Exclure complètement les gens de ta vie et ne faire confiance à personne
- Exiger que les ami(e)s ou les partenaires soient là pour toi chaque fois que tu le demandes.
- Croire que les autres savent ce que tu penses ou ressens et qu'ils doivent réagir en conséquence.
- Céder à tes amis ou à ton partenaire, même si cela va à l'encontre de tes convictions.
- Aller à l'encontre de tes valeurs ou de tes croyances pour t'intégrer, être apprécié(e) ou plaire aux autres.
- Permettre à un partenaire romantique de prendre des décisions à ta place ou de diriger ta vie sans jamais se défendre ou remettre en question ce comportement.
- Passer du temps avec des ami(e)s ou des partenaires qui te traitent mal ou te manquent de respect.

Exercice : le jeu du consentement

- Joue au jeu du "oui" et du "non" avec ton ou ta partenaire. Pose-lui des questions comme "Est-ce que je peux te faire un câlin ?" ou "Est-ce qu'on peut se tenir la main ?".
- Entraîne-toi à dire "non" lorsque tu te sens mal à l'aise et apprends à accepter le "non" avec élégance.

Cet exercice t'aidera à comprendre que le consentement doit toujours être donné librement et respecté.

Exemple : Consentement et limites

Emma demande à Alex s'il veut bien lui tenir la main en public.

Alex : "Je ne suis pas à l'aise avec ça pour l'instant".
Emma : "Je comprends, Alex. Fais-moi savoir quand tu seras prêt".

Le respect des limites de l'autre par le biais du consentement est un élément crucial de la création d'une relation saine et respectueuse. Il permet aux deux partenaires de se sentir en sécurité et à l'aise dans toutes les situations.

Renforcer la confiance et la connexion

Pour renforcer la confiance et la connexion, il est utile de comprendre **le langage amoureux** auquel ton ou ta partenaire est sensible et dans lequel il ou elle s'exprime. Cela vaut également pour toi.

- **Les mots d'affirmation** : Les personnes qui ont besoin d'affirmation donnent et reçoivent souvent de l'amour sous forme de compliments, de paroles de réconfort et de validation.

- **Le toucher physique** : Ce langage amoureux se traduit par des étreintes, des baisers, des câlins et des contacts physiques.

- **Les services** : Les personnes qui aiment les services se sentent encore plus aimées lorsque tu fais quelque chose pour eux comme aller leur chercher un verre d'eau ou leur expliquer un cours qu'elles ne maîtrisent pas encore.

- **Le temps de qualité** : Pour une personne dont le langage amoureux est le temps de qualité, il faut qu'elle puisse passer des moments ininterrompus avec les personnes qu'elle aime. Elle peut se sentir peu appréciée ou déconnectée si elle ne reçoit pas suffisamment d'attention des personnes avec lesquelles elle passe du temps.

- **Cadeaux** : Les personnes qui parlent le langage amoureux des cadeaux aiment généralement donner et recevoir des cadeaux en signe d'affection. Si tu es attentif aux choses qu'il ou elle aime et que tu lui offres un cadeau attentionné, tu ne pourras que marquer des points.

De nombreuses relations rencontrent des problèmes lorsque l'une des personnes exprime son amour dans un "langage" que l'autre personne ne comprend pas.

Par exemple, si ton ou ta petit(e) ami(e) t'aide toujours à faire tes devoirs, il ou elle peut avoir l'impression de te montrer son amour parce que les actes de service lui donnent l'impression d'être aimant(e). Mais si ton langage amoureux est celui de l'affirmation, tu peux te sentir rejeté(e) ou négligé(e) parce qu'il ou elle ne te dit pas souvent "je t'aime".

Dans le même temps, tu peux lui dire à quel point il(elle) est formidable, mais il(elle) ne se sent pas aimé(e) parce que tu ne lui proposes jamais d'aide dans les matières où tu es meilleur(e) que lui(elle).

Combler ce fossé de communication et trouver un juste milieu peut améliorer radicalement la confiance et réduire les tensions. Tu peux demander à n'importe quelle personne importante dans ta vie : "Que puis-je faire pour que tu te sentes aimé(e) ?" et communiquer ce qui te fait te sentir apprécié(e) et aimé(e).

La séance de câlins

L'être humain a un besoin inné de contact physique. Des recherches ont montré que les câlins et les caresses non sexuelles entre couples romantiques réduisaient la tension artérielle et le taux de cortisol (l'hormone du stress) tout en stimulant l'ocytocine (l'hormone du lien et de la confiance).

Lorsque tu réserves du temps pour faire des câlins à ton ou ta partenaire, sans engagement sexuel ni distraction extérieure, cela te permet de tisser des liens et de renforcer la confiance.

Fixe un moment précis pour faire des câlins à ton ou ta partenaire. Précise clairement que ce moment est réservé à vous deux. Éteignez vos téléphones et éliminez toutes les distractions.

Concentrez-vous sur l'instant présent et observez les sensations de vos corps l'un contre l'autre.

Demande à ton ou ta partenaire ce qu'il(elle) apprécie le plus et ce que ton contact lui fait ressentir.

Regarder dans les yeux de l'autre

Des études ont montré que le fait de regarder quelqu'un dans les yeux pendant deux minutes peut accroître les sentiments d'amour. En effet, le contact visuel stimule l'ocytocine, l'hormone du lien et de la confiance.

Une pratique hebdomadaire te permet de ralentir, de te déconnecter du monde et de te connecter à ton partenaire. Cela peut améliorer considérablement la confiance et augmenter le niveau d'intimité émotionnelle.

- Élimine toute distraction extérieure et accorde toute ton attention à ton partenaire.
- Asseyez-vous confortablement face à face.
- Vous pouvez aussi vous tenir la main.
- Fermez les yeux et prenez ensemble dix respirations lentes et profondes. Videz votre esprit autant que possible.
- Ensuite, ouvrez les yeux et regardez directement l'autre personne dans les yeux. Il n'est pas nécessaire de parler, en revanche, il est possible de cligner des yeux. Respirez lentement ensemble. Souriez si cela vous semble naturel. Regardez-vous aussi longtemps que vous vous sentez à l'aise.

Tu peux t'entraîner à regarder ton ou ta partenaire dans les yeux après une journée stressante. Cela peut sembler bizarre au début, mais tu peux t'entraîner avec un ami ou un membre de ta famille !

Chapitre 8 : Les relations à l'ère numérique

Le monde actuel accorde une place importante à la technologie et aux réseaux sociaux dans nos vies et nos relations. Dans ce chapitre, nous verrons comment naviguer sur les réseaux sociaux, les rencontres en ligne et la sécurité, et comment trouver un équilibre entre le temps passé devant l'écran et les relations en face-à-face.

Naviguer sur les réseaux sociaux

La technologie peut nous connecter et nous faciliter la vie, mais elle peut aussi créer des difficultés et nous éloigner. Voici comment en tirer le meilleur parti.

Exercice : le défi de la désintoxication numérique

Propose à ton ou ta partenaire une journée de "désintoxication numérique". Pas de smartphones, pas de réseaux sociaux, juste du temps de qualité ensemble. Tu peux utiliser la liste des activités que vous aimeriez faire en couple établie dans le chapitre 6.

Cet exercice vous encourage à vous déconnecter et à vous retrouver en personne, ce qui favorise une meilleure relation.

Réfléchis à ce que tu as ressenti en te déconnectant et partage ton expérience avec ton ou ta partenaire.

Équilibrer le temps passé devant un écran et les relations en face à face

Il est essentiel de trouver un juste équilibre entre la vie virtuelle et les contacts réels. Les messages, les commentaires sur les réseaux sociaux peuvent générer des malentendus et créer de la distance entre toi et ton ou ta partenaire.

Lorsqu'il y a un malentendu à dissiper, quelque chose qui te dérange ou que tu veux aborder un point qui te tient à coeur, veille à le faire **en personne** et pas par le biais de commentaires sur les réseaux sociaux ou par textos car nos interlocuteurs envoient de nombreux messages non-verbaux (expressions du visage, position du corps, des bras, etc.) qui nous renseignent sur leur état d'esprit et nous permettent de réagir, d'ajuster notre communication et de clarifier notre discours.

Prends également garde à ne pas forcement prendre au premier degré les posts de ton ou ta partenaire. Il existe parfois un décalage important entre la vie virtuelle et la vie réelle.

Enfin, connais-tu l'adage "pour vivre heureux, vivons cachés" ? Il signifie qu'il vaut mieux ne pas s'étaler sur sa vie privée, surtout dans le cas de relations amoureuses naissantes. Demande toujours à ton ou ta partenaire si tu peux poster des photos de toi en sa compagnie et suggère la même chose quand tu apparais sur ses photos.

Exercice : Temps de qualité sans écran

Réserve des moments spécifiques comme "temps sans écran" où vous vous concentrerez sur les interactions en face-à-face.

Il peut s'agir d'activités que vous aimez tous les deux, comme la cuisine, la randonnée, un match de tennis. Il peut aussi simplement s'agir de repas partagés ensemble. Assurez-vous que vos mobiles respectifs ne soient pas visibles sur la table mais bien rangés dans votre sac. Profitez-en pour parler de votre journée. Ces moments sans écran deviendront des moments privilégiés de votre relation.

Dans un monde rempli de technologie, il est essentiel de trouver un équilibre. En naviguant prudemment sur les réseaux sociaux, en accordant la priorité à la sécurité en ligne et en créant des moments sans technologie pour des connexions en face à face, tu peux préserver la profondeur et l'authenticité de tes relations. N'oublie pas que la technologie peut faciliter les relations, mais que ce sont les liens réels qui comptent vraiment.

Chapitre 9 : Gérer les ruptures et aller de l'avant

Les ruptures amoureuses sont souvent difficiles, même lorsque tu les inities, mais elles font aussi partie de la vie. Quand bien même il peut te sembler que tu avais trouvé la personne parfaite et que tu ne tomberas plus jamais amoureux(se), sache que cela va passer et que cette expérience te permettra de mieux gérer ta prochaine relation amoureuse.

Dans ce chapitre, nous verrons comment faire face à la fin d'une relation, tirer des leçons des relations passées et développer la résilience nécessaire pour aller de l'avant.

Faire face à la fin d'une relation

Il n'est jamais facile de rompre et le rejet fait mal. Si tu dois laisser tomber ton ou ta partenaire, fais-le **rapidement** (ne laisse pas trainer les choses) et **respectueusement**.

Voici comment il est recommandé de procéder pour rompre de la manière la plus respectueuse possible.

- **Réfléchis à ce que tu veux et à la raison pour laquelle tu le veux**. Prends le temps de réfléchir à tes sentiments et aux raisons de ta décision. Même si l'autre personne peut être blessée par ta décision, il est normal de faire ce qui est bon pour toi. Tu dois simplement le faire avec tact.

- **Pense à ce que tu vas dire et à la façon dont l'autre personne va réagir**. Ton(ta) petit(e) ami(e) sera-t-il(elle) surpris(e) ? Triste ? En colère ? Blessé(e) ? Ou même soulagé ? Le fait de penser au point de vue et aux sentiments de l'autre personne peut t'aider à faire preuve de délicatesse. Cela t'aidera également à te préparer. Penses-tu que la personne avec qui tu romps pourrait pleurer ? Perdre son sang-froid ? Comment feras-tu face à ce type de réaction ?

- **Affiche de bonnes intentions**. Fais savoir à l'autre personne qu'elle compte pour toi. Pense aux qualités dont tu veux faire preuve à l'égard de l'autre personne, comme l'honnêteté, la gentillesse, la sensibilité, le respect et la bienveillance.

- **Sois honnête, mais pas brutal(e)**. Explique à l'autre personne ce qui t'a attiré en premier lieu et ce que tu aimes chez elle. Puis dis-lui pourquoi tu veux passer à autre chose. "Honnêteté" ne veut pas dire "dureté". N'utilise pas les qualités de l'autre personne pour expliquer ce qui ne fonctionne pas. Pense à des façons d'être aimable et gentil(le) tout en restant honnête.

- **Dis-le lui en personne**. Vous avez beaucoup partagé l'un avec l'autre. Respecte cela en rompant en personne. Attends qu'il n'y ait personne autour de vous.

- **Si vous habitez loin l'un de l'autre**, essaye de faire une visio ou au moins de passer un coup de fil. Rompre par texto ou sur les réseaux sociaux peut sembler facile. Mais pense à ce que tu ressentirais si ton petit ami ou ta petite amie te faisait ça - et à ce que tes ami(e)s diraient du caractère de cette personne !

- **Si cela peut t'aider, confie-toi à quelqu'un en qui tu as confiance**. Il peut être utile de parler de tes sentiments avec un ami en qui tu as confiance. Mais assure-toi que la personne à qui tu te confies peut garder le secret jusqu'à ce que tu aies une véritable conversation de rupture avec ton ou ta partenaire. Assure-toi que ton petit ami ou ta petite amie l'entende d'abord de ta bouche, et non de celle de quelqu'un d'autre. C'est l'une des raisons pour lesquelles les parents, les frères et sœurs plus âgés et d'autres adultes de confiance sont des personnes à qui il est bon de parler. Ils ne vont pas s'épancher ou laisser échapper des informations par inadvertance.

- **N'évite pas l'autre personne ou la conversation que tu dois avoir**. Faire traîner les choses rend les choses plus difficiles à long terme - pour toi et pour ton ou ta partenaire. De plus, lorsque les gens remettent les choses à plus tard, des informations peuvent de toute façon être divulguées. Tu ne veux pas que la personne avec qui tu romps l'apprenne par quelqu'un d'autre avant de l'entendre de ta bouche.

- Ne te précipite pas dans une conversation difficile sans y avoir bien réfléchi. Tu pourrais dire des choses que tu regretterais.

- **Ne lui manque pas de respect.** Il convient de parler de ton ex (ou de ton(ta) futur(e) ex) avec respect. Évite de faire des commérages ou de dire du mal de lui ou d'elle. Ne te moque pas d'elle ou de lui et ne divulgue pas d'informations personnelles le ou la concernant. Traite ton ex-partenaire comme tu aimerais être traité(e). Tu voudrais que ton ex ne dise que des choses positives à ton sujet une fois que vous ne serez plus ensemble, n'est ce pas ? De plus, on ne sait jamais - ton ex pourrait devenir un(e) ami(e) ou vous pourriez même renouer une relation amoureuse un jour.

Que dire et comment le dire ?

Tu as pris la décision de rompre. Il faut maintenant trouver un bon moment pour en parler - et une façon de mener la conversation qui soit respectueuse, juste et claire. Les ruptures ne se limitent pas à planifier ce qu'il faut dire. Tu dois aussi réfléchir à la façon dont tu vas le dire.

Voici quelques exemples de ce que tu pourrais dire. Inspire-toi de ces idées et modifie-les pour les adapter à ta situation et à ton style :

Dis à ton petit ami ou à ta petite amie que tu veux parler de quelque chose d'important.

Commence par mentionner ce que tu aimes ou apprécies chez l'autre personne comme par exemple :

- "Nous sommes proches depuis longtemps et tu es important(e) pour moi.
- Ou encore : "Je t'apprécie beaucoup et je suis heureux(se) que nous ayons appris à nous connaître".

Dis ce qui ne fonctionne pas (la raison de la rupture) comme par exemple :

- "Mais je ne suis pas prêt(e) à avoir un(e) petit(e) ami(e) sérieux(se) en ce moment."
- "Mais tu m'as trompé(e), et je ne peux pas l'accepter."
- "Mais nous nous disputons plus que nous ne nous amusons."
- "Mais je ne me sens plus à l'aise avec toi."
- "Mais il y a quelqu'un d'autre."

Dis que tu veux rompre :

- "Alors, je veux rompre."
- "Je veux qu'on soit amis, mais qu'on ne sorte pas ensemble."
- "Je veux rester ami(e), mais je ne veux plus être ton(ta) petit(e) ami(e)".

Dis que tu es désolé(e) si cela le(la) blesse :

- "Je ne veux pas te blesser."
- "Je suis désolé(e) si ce n'est pas la façon dont tu voulais que les choses se passent."
- "Je suis désolé(e) si cela te blesse."
- "Je sais que c'est difficile à entendre."

Dis quelque chose de gentil ou de positif comme par exemple :

- "Je sais que tu vas t'en sortir."
- "Je sais que nous nous soucierons toujours l'un de l'autre".
- "Je me souviendrai toujours des bons moments que nous avons passés ensemble."
- "Je serai toujours heureux(se) d'avoir appris à te connaître."
- "Je sais qu'il y a une autre fille/un autre garçon qui sera heureux d'avoir la chance de sortir avec toi."

Écoute ce que l'autre personne veut dire. Sois patient(e) et ne sois pas surpris(e) si l'autre personne se montre contrariée ou mécontente de ce que tu as dit.

Laisse-lui de l'espace. Envisage d'envoyer un message amical ou d'engager une conversation un peu plus tard pour faire savoir à ton ex que tu te soucies de son bien-être.

Quelques conseils pour te remettre un peu plus facilement

Se remettre d'une rupture est plus facile à dire qu'à faire. On a beau vouloir cesser de penser à la personne et de ressentir de la tristesse à cause de la fin de la relation, c'est un processus difficile.

Voici quelques conseils pour t'aider à te remettre d'une rupture un peu plus facilement :

- **Élimine toutes les photos, les lettres, les textos et les cadeaux que ton ou ta partenaire t'a offerts**. Ou, si tu ne peux pas te résoudre à les jeter, place-les dans une boîte et range-la loin de ton regard. Ces souvenirs te rappelleront ton ex et t'empêcheront d'aller de l'avant.

- **Écoute de la musique**. La musique est un excellent remède. La musique peut remonter le moral et apaiser l'âme. Trouve des chansons qui te font vibrer et mets-les en boucle.

- **Évite d'espionner**. Les recherches montrent que les adolescents ont souvent des pensées obsessionnelles à propos de leur ex après une rupture. Ne suis plus ou bloque ton ex sur les réseaux sociaux afin de ne pas être tenté(e) de continuer à prendre de ses nouvelles. Cela t'aidera à prendre la distance dont tu as besoin pour aller de l'avant.

- **Investis-toi dans des activités**. Il peut s'agir de choses que tu aimais faire ou d'activités que tu as toujours voulu essayer mais que tu n'as jamais faites (apprendre le mandarin, participer à un cours d'art, commencer à faire du Pilates, etc.) L'exercice physique est particulièrement bénéfique : essaye d'aller à la salle de sport aussi souvent que possible, ou même simplement de courir dans ton quartier.

- Dans le même ordre d'idées, tu peux commencer à **faire du bénévolat** pour combler les vides dans les week-ends que tu passais avec ton ex. La plupart des thérapeutes s'accordent à dire que le fait d'être occupé(e) contribue à te distraire de ta tristesse et peut t'aider à te sentir plus productif(ve).

- **Recherche le soutien de tes ami(e)s**. Le jour de la rupture peut sembler être le pire jour de ta vie. Si cela peut t'aider, demande à un(e) ami(e) de t'aider à faire ton deuil. Sens-toi libre de pleurer sur son épaule. Demande-lui si tu peux l'appeler quand tu te sens triste. S'il s'agit d'un(e) bon(ne) ami(e), il(elle) sera probablement heureux(se) d'être cette personne de confiance. Tu peux aussi te fixer comme priorité de passer plus de temps avec tes ami(e)s : comme le fait d'être occupé(e), cela te permettra de te distraire et de ne pas penser à ton ex.

- **Il est préférable d'éviter les endroits que ton ex fréquente**. Tu pourrais être tenté(e) de te rendre à la fête où tu sais qu'il sera, mais ce n'est pas une bonne idée. Le fait de t'y rendre "par coïncidence" risque de t'empêcher d'oublier ton petit ami ou ta petite amie. Il en va de même pour les endroits où vous aviez l'habitude de vous retrouver : essaie de les éviter pendant quelques mois. Visiter des lieux qui étaient vos préférés peut créer un douloureux sentiment de manque.

- **Souviens-toi des mauvais moments**. Oui, tout le monde dit qu'il faut se souvenir des bons moments. Mais le contraire est vrai lorsqu'il s'agit de ruptures douloureuses. Essaie de penser à toutes les raisons pour lesquelles tu es heureux(se) maintenant que tu n'es plus avec ton ex. Si la relation était toxique, il est utile de penser à toutes les fois où tu as été blessé(e) par son comportement malsain. Même s'il est difficile de réaliser sur le moment que cette rupture a pu être une bonne chose, rappelle-toi que c'est le cas.

- **Fais preuve de patience**. Même si tu penses que tu ne t'en remettras jamais, le temps est un grand guérisseur. Si tout le monde le dit, c'est parce que c'est vrai.

Exercice : Journal émotionnel

Que tu sois à l'origine de la rupture ou que tu la subisses, il est fort probable que tu te sentes triste durant un certain temps.

- Pour t'aider, tu peux rédiger un journal dans lequel tu consigneras tes sentiments et tes pensées à propos de la rupture.
- Utilise ce journal comme un espace sûr pour exprimer tes émotions comme la tristesse, la colère et la confusion que tu peux ressentir. Réfléchis à ce qui s'est passé et suis ton processus de guérison.
- Au fil du temps, les entrées de ton journal comprendront également des moments d'acceptation et d'espoir pour l'avenir. Ce journal devient un puissant outil de guérison.

Cet exercice t'aidera à gérer tes émotions et à faire la lumière sur la rupture.

Tirer des leçons des relations passées

Chaque relation nous apprend quelque chose de précieux. Voici comment tirer parti de ces leçons.

Exercice : Réflexion sur les relations

- Prends le temps de réfléchir en profondeur à la relation que tu as eues par le passé. Qu'as-tu appris sur toi-même, sur tes besoins et sur tes limites ?
- Détermine ce qui t'a plu ou déplu dans ta relation passée.
- Identifie les points forts et les points à améliorer dans ta relation passée.

Tu peux par exemple réaliser que cette relation t'a appris l'importance d'une communication efficace, de la fixation de limites, de garder tes propres centres d'intérêt et de continuer à voir tes ami(e)s.

Tu peux décider de travailler sur ces aspects dans tes relations futures. Cet exercice contribue à transformer la douleur d'une rupture en possibilité d'épanouissement personnel.

Renforcer la résilience

La résilience est la capacité à rebondir dans les moments difficiles.

Exercice : Activités de renforcement de la résilience

- Participe à des activités qui renforcent ton estime de toi et ton bien-être, comme la pratique d'un passe-temps que tu aimes, ou le temps passé avec des ami(e)s et des êtres chers.
- Développe ou maintiens une routine quotidienne et pense à y inclure des activités permettant de prendre soin de toi et de faire de l'exercice.
- Fixe-toi de petits objectifs et célèbre tes réussites en cours de route.

Cet exercice vise à renforcer la résilience en se concentrant sur les soins et le développement personnel.

À tout âge, les ruptures peuvent être incroyablement difficiles, mais elles offrent aussi des occasions de se découvrir et de grandir. En faisant face aux conséquences émotionnelles, en tirant des leçons de ses relations passées et en développant sa résilience, on ressort de l'expérience plus fort et plus sage. N'oublie pas que ta capacité à rebondir est un superpouvoir qui t'aidera à gérer tes futures relations et les défis de la vie avec plus de force et de résilience.

Chapitre 10 : Construire un avenir heureux

À ce stade, tu as appris beaucoup de choses sur les relations amoureuses, qu'il s'agisse de les entamer ou de gérer les ruptures. Mais qu'en est-il de la façon de faire durer une belle histoire ? Dans ce chapitre, nous verrons comment entretenir des relations à long terme, garder l'étincelle et planifier un avenir sain et heureux.

Planifier un avenir sain et heureux

Construire un avenir ensemble demande de la réflexion et de la détermination.

- Assieds-toi avec ton partenaire et imaginez votre avenir idéal. Que voulez-vous réaliser individuellement et en tant que couple ?
- Divisez ces rêves en objectifs réalisables et créez un calendrier pour votre projet.

Cet exercice renforce votre partenariat en alignant vos aspirations et en vous donnant un chemin clair à suivre. Vous pouvez utiliser la page suivante pour y noter vos ambitions.

Vous pouvez également utiliser des tableaux de visualisation pour vous motiver et rester concentrés sur vos objectifs.

Mes rêves

Nos rêves communs

Tes rêves

En plus de partager des rêves et des projets communs, construire un avenir implique également de discuter de ses valeurs, de ses croyances, de ses attentes.

Tu trouveras ci-dessous une liste de questions qui vous aidera à clarifier ces points.

- **Comment gérons-nous les conflits ?** Parlez de vos styles de résolution de conflits et de la manière dont vous pouvez travailler ensemble pour surmonter les désaccords.

- **Quelles sont nos attentes en matière de communication ?** Évoquez comment vous préférez communiquer et comment vous pouvez améliorer votre communication pour mieux vous comprendre.

- **Quels sont nos plans pour l'avenir ?** Parlez de vos projets à court, moyen et long terme, que ce soit les études, le travail, le mariage, la famille, les voyages, ou d'autres grandes étapes de la vie. Le fait d'évoquer vos rêves est un autre moyen d'aborder le sujet. Si tu envisages d'aller vivre en Australie alors que ton partenaire rêve de s'installer dans la montagne ardéchoise, vos aspirations sont-elles réconciliables sans que l'un de vous n'ait l'impression de se sacrifier?

- **Comment pouvons-nous maintenir la romance et l'intimité ?** Explorez des moyens de préserver la passion et la connexion émotionnelle dans votre relation.

- **Comment maintenons-nous l'amitié et la complicité ?** Parlez de l'importance de l'amitié dans votre relation et comment vous pouvez continuer à apprécier et à soutenir l'autre en tant qu'amis.

- **Comment soutenons-nous nos besoins personnels et ceux de notre partenaire ?** Discutez de la manière dont vous pouvez vous soutenir mutuellement sur le plan émotionnel, mental et physique.

- **Comment gérons-nous l'espace personnel et la vie sociale ?** Parlez de la manière dont vous pouvez équilibrer le temps passé ensemble et séparément, ainsi que votre vie sociale.

- **Qu'est-ce que la loyauté signifie pour vous dans une relation ?** Comment la définissez-vous et la pratiquez-vous ? Quelles sont vos attentes ?

- **Quelle signification l'engagement a-t-il pour vous ?** Comment envisagez-vous l'engagement à long terme dans votre relation ?

- **Comment résolvons-nous les désaccords sur les valeurs et les croyances ?** Évoquez les sujets importants tels que la religion, la politique, et les valeurs fondamentales et de la manière dont elles influencent votre vie et votre relation. Comment pouvez-vous respecter et comprendre les différences de l'autre ?

- **Quelles sont vos perspectives sur la création d'une famille ?** Souhaitez-vous des enfants et combien ? À quel âge ou après quelle(s) étapes ? Quelles valeurs souhaitez vous leur transmettre et comment souhaitez-vous les éduquer ? Comment gérerez-vous les responsabilités familiales ?

- **Comment gérons-nous les finances ?** Discutez de vos approches en matière d'argent, d'économies, et de la manière dont vous partagerez ou gérerez les dépenses communes.

Ces questions peuvent aider à approfondir votre compréhension mutuelle, à renforcer votre relation et à anticiper les défis potentiels à mesure que vous grandissez ensemble.

Maintenir un partenariat amoureux tout au long de la vie

Un partenariat amoureux qui dure toute la vie exige des soins et des efforts constants de la part des deux partenaires.

- Planifiez ensemble des **discussions régulières** pour faire le point sur votre relation, célébrer les étapes franchies et discuter des difficultés rencontrées.

- Surprenez l'autre avec de **petits gestes d'amour** (comme glisser un mot dans sa poche ou lui préparer son plat favori), des **compliments sincères**, ne cessez jamais de vous dire "je t'aime" et de vous témoigner de la **reconnaissance**.

- **Développez des rituels** : La façon dont toi et ton ou ta partenaire vous dites au revoir ou bonjour, ou dont vous célébrez votre anniversaire de rencontre année après année, peut contribuer à établir un lien solide qui vous permettra de rester émotionnellement engagés pendant les périodes de conflit. Par exemple, le fait de prendre le temps d'embrasser ton ou ta partenaire tous les matins lorsque vous vous séparez – quels que soient tes impératifs – lui indique que, dans le grand ordre des choses, ta relation est une priorité absolue.

- Prenez soin de **conserver des activités amusantes de couple**, même lorsque que vous aurez des vies professionnelles prenantes ou des enfants. Sortez régulièrement tous les deux, que ce soit pour voir un film, dîner au restaurant ou vous promener à la belle étoile.

- **Pratiquez le pardon**. Le ressentiment, la colère et le blâme sont des réactions normales lorsque l'être aimé(e) fait quelque chose de blessant. Cependant, sans pardon, les petites blessures comme les trahisons finissent par briser une relation.

- **Soyez réaliste**. Toute relation à long terme comporte son lot de déceptions. Mais apprendre à regarder au-delà d'une mauvaise passe et à voir son partenaire objectivement et avec amour peut aider à s'en sortir. Se souvenir des moments heureux que vous avez vécus ensemble peut vous aider à surmonter l'irritation et les moments où vous vous demandez si vous voulez rester dans la relation.

- **Écoutez activement**. Le fait d'interrompre ton ou ta partenaire lorsqu'il ou elle essaie de te dire quelque chose peut le(la) frustrer ou le(la) décourager. Il est essentiel d'écouter plus que de parler lorsque vous avez une discussion sérieuse.

- **Soyez honnête**. Les secrets et les mensonges affaiblissent les fondements de toute relation. Ignorer les problèmes (une autre forme de secret) ne les fait pas disparaître. Ce qui est important, c'est une communication respectueuse et ouverte sur vos sentiments et vos rêves.

- **Disputez-vous loyalement**. Même les amis les plus sincères et les partenaires les plus compatibles se disputent. Pour éviter que vos désaccords ne nuisent à votre relation, établissez des règles de base respectueuses lors d'un moment de calme.

- **Demandez de l'aide si vous êtes bloqués**. Si ton partenaire et toi continuez à avoir les mêmes disputes sans qu'aucun progrès ne soit en vue, demandez l'aide d'un thérapeute ou d'un conseiller conjugal. N'attendez pas que votre relation soit gravement endommagée pour demander de l'aide. Consultez avant que l'un de vous, ou les deux, ne s'enferment dans des émotions négatives.

Entretenir une relation à long terme est une belle aventure. En planifiant un avenir sain et heureux, en vous engageant à long terme, et en renouvelant continuellement votre amour, vous créerez un partenariat qui résistera à l'épreuve du temps.

Le voyage à travers les pages de ce livre touche à sa fin, mais ton parcours à la découverte du premier amour ne fait que commencer.

Au fil des chapitres, nous avons exploré les défis du premier amour. Nous avons parlé du respect de soi, de l'importance de la communication, et de la croissance personnelle.

L'essentiel à retenir est que le premier amour, quelle que soit son issue, est une expérience précieuse. Il t'apprend à ouvrir ton cœur, à prendre des risques, et à apprécier les moments intenses de la vie. Il te montre ce que signifie être attentif à tes émotions, à tes besoins, et à ceux de l'autre personne.

Peu importe si ton premier amour dure éternellement ou s'il est suivi de nouveaux chapitres amoureux, sache que chaque relation, chaque moment, chaque émotion contribue à ton voyage personnel.

Alors, va de l'avant, avec le cœur ouvert et la tête haute. L'amour t'attend à chaque coin de rue, et chaque expérience amoureuse te rapproche un peu plus de la personne extraordinaire que tu es destiné(e) à devenir.

www.ingramcontent.com/pod-product-compliance
Lightning Source LLC
Chambersburg PA
CBHW080850260726
48660CB00009B/3260